サポート資源が進路選択および就職活動に及ぼす影響

水 野 雅 之 著

風 間 書 房

目　　次

第1部　理論的検討

第1章　問題の所在……………………………………………………………3

　第1節　大学生の進路選択と進路選択に伴う不安………………………3

　第2節　大学生の就職活動と就職活動に伴う不安………………………5

　第3節　進路選択や就職活動に関するサポート資源についての研究……7

　　1．利用されるサポート資源の種類に関する研究　7

　　2．サポート資源の利用の効果に関する研究　9

　第4節　先行研究の問題点と本研究で導入する新たな視点………………14

　　1．進路選択や就職活動の場面を反映した尺度開発の必要性　14

　　2．サポート資源の認知と活用を別個に測定する必要性　16

第2章　本書の目的と論文の構成……………………………………………19

　第1節　本書の目的…………………………………………………………19

　　1．進路選択／就職活動の場面に即したサポート資源の認知と活用を測定
　　　する尺度の開発　19

　　2．サポート資源の認知と活用が進路選択および就職活動に及ぼす影響　20

　　3．サポート資源の認知と活用の促進・抑制要因の検討　21

　第2節　本研究の意義………………………………………………………21

　第3節　本書の構成…………………………………………………………22

　第4節　用語の定義…………………………………………………………24

　　1．サポート資源の認知と活用　24

　　2．進路選択　24

　　3．就職活動　24

ii 目 次

第 2 部 実証的研究

第 3 章 進路選択に関するサポート資源認知尺度および活用

尺度の作成（研究 1）‥‥‥‥‥‥‥‥‥‥‥‥‥‥‥‥‥29

第 1 節 研究 1 の目的 ‥‥‥‥‥‥‥‥‥‥‥‥‥‥‥‥‥‥‥29

第 2 節 研究1-1 進路選択に関するサポート資源認知尺度および

活用尺度原版の作成‥‥‥‥‥‥‥‥‥‥‥‥‥‥‥‥29

1．目的 29

2．方法 29

3．結果と考察 30

第 3 節 研究1-2 進路選択に関するサポート資源認知尺度および

活用尺度の信頼性・妥当性の検討‥‥‥‥‥‥‥‥‥‥36

1．目的 36

2．方法 36

3．結果 37

4．考察 45

第 4 節 研究 1 のまとめ ‥‥‥‥‥‥‥‥‥‥‥‥‥‥‥‥‥‥49

第 4 章 就職活動中のサポート資源認知尺度および活用尺度の

作成（研究 2）‥‥‥‥‥‥‥‥‥‥‥‥‥‥‥‥‥‥‥51

第 1 節 研究 2 の目的 ‥‥‥‥‥‥‥‥‥‥‥‥‥‥‥‥‥‥‥51

第 2 節 研究2-1 就職活動中のサポート資源認知尺度および活用

尺度原版の作成‥‥‥‥‥‥‥‥‥‥‥‥‥‥‥‥‥‥51

1．目的 51

2．方法 51

3．結果と考察 53

第 3 節 研究2-2 就職活動中のサポート資源認知尺度および活用

尺度の信頼性・妥当性の検討 ‥‥‥‥‥‥‥‥‥‥‥‥62

目　次　iii

　　1．目的　62

　　2．方法　62

　　3．結果　65

　　4．考察　71

　第4節　研究2のまとめ……………………………………………………75

第5章　サポート資源の認知と活用が進路選択と就職活動に

　　　　及ぼす影響（研究3・研究4）………………………………………77

　第1節　研究3と研究4の目的………………………………………………77

　第2節　研究3　進路選択に関するサポート資源が進路選択不安

　　　　　および進路未決定，キャリア意識に及ぼす影響………………77

　　1．目的　77

　　2．方法　78

　　3．結果　80

　　4．考察　86

　第3節　研究4　就職活動中のサポート資源が就職活動不安および

　　　　　活動量，就職活動中の精神的健康に及ぼす影響………………90

　　1．目的　90

　　2．方法　91

　　3．結果　93

　　4．考察　97

　第4節　研究3と研究4のまとめ……………………………………………98

第6章　進路選択に関するサポート資源の促進・抑制要因に

　　　　関する検討（研究5・研究6）……………………………………101

　第1節　研究5と研究6の目的……………………………………………101

第2節　研究5-1　援助要請スキルが進路選択に関するサポート資源
　　　　　　の認知と活用に及ぼす影響······························102

　1．目的　　102

　2．方法　　102

　3．結果　　104

　4．考察　　106

第3節　研究5-2　援助要請スタイルが進路選択に関するサポート資源
　　　　　　の認知と活用に及ぼす影響······························108

　1．目的　　108

　2．方法　　108

　3．結果　　109

　4．考察　　112

第4節　研究5-3　小集団閉鎖性が進路選択に関するサポート資源
　　　　　　の認知と活用に及ぼす影響······························114

　1．目的　　114

　2．方法　　114

　3．結果　　115

　4．考察　　118

第5節　研究6　両親の職業への態度認知が進路選択に関する
　　　　　　サポート資源の認知と活用に及ぼす影響··················118

　1．目的　　118

　2．方法　　118

　3．結果　　120

　4．考察　　123

第6節　研究5と研究6のまとめ ···································125

第7章　就職活動中のサポート資源の促進・抑制要因に関する
　　　検討（研究7・研究8）………………………………………… 127

第1節　研究7と研究8の目的……………………………………………… 127

第2節　研究7-1　援助要請スキルが就職活動中のサポート資源
　　　の認知と活用に及ぼす影響……………………………………… 128

　　1．目的　　128

　　2．方法　　128

　　3．結果　　129

　　4．考察　　131

第3節　研究7-2　援助要請スタイルが就職活動中のサポート資源
　　　の認知と活用に及ぼす影響……………………………………… 132

　　1．目的　　132

　　2．方法　　132

　　3．結果　　134

　　4．考察　　136

第4節　研究7-3　小集団閉鎖性が就職活動中のサポート資源
　　　の認知と活用に及ぼす影響……………………………………… 137

　　1．目的　　137

　　2．方法　　138

　　3．結果　　139

　　4．考察　　140

第5節　研究8　両親の職業への態度認知が就職活動中のサポート
　　　資源の認知と活用に及ぼす影響………………………………… 141

　　1．目的　　141

　　2．方法　　141

　　3．結果　　143

　　4．考察　　146

vi 目　次

第6節　研究7と研究8のまとめ ……………………………………… 147

第3部　総合考察
第8章　結果のまとめと考察 ……………………………………………… 151
　第1節　本章の目的 …………………………………………………… 151
　第2節　本研究の結果のまとめ …………………………………… 151
　第3節　本研究の考察 ………………………………………………… 157
　第4節　本研究の結論 ………………………………………………… 160

第9章　本研究の限界と今後の課題 …………………………………… 163
　第1節　本章の目的 …………………………………………………… 163
　第2節　サポート資源の認知と活用の機能に関する課題
　　　　　（研究3・研究4） …………………………………………… 163
　第3節　サンプル数の少なさに関する課題（研究4・研究7-1） ……… 164
　第4節　回顧法による回答の歪みに関する課題（研究7・研究8）…… 164
　第5節　進路選択と就職活動の関連に関する課題 ……………………… 164

第10章　実践活動への示唆 ……………………………………………… 167
　第1節　本章の目的 …………………………………………………… 167
　第2節　進路選択支援への提言 …………………………………… 167
　第3節　就職活動支援への提言 …………………………………… 170

引用文献 …………………………………………………………………… 173
本書を構成する研究の発表状況 ……………………………………… 179
本書を構成する研究とサンプルの対応関係 ………………………… 180
資料 ………………………………………………………………………… 181
謝辞 ………………………………………………………………………… 187

第1部　理論的検討

第1章　問題の所在

第1節　大学生の進路選択と進路選択に伴う不安

　日本の就職活動の特徴として，企業の画一的な採用スケジュールから外れてしまうと就職が困難になることが指摘されているため（下村・木村，1997），就職活動の開始までにおおまかに自身の希望する進路や職業を選択し，円滑に就職活動を開始することが重要である。しかし，進路選択は大学生にとって学生生活上の，2位に挙げられる課題や悩みであり（西山，2003），多くの学生にとって進路を決めることには困難が伴う。

　実証研究においても，進路を決定できないことは「進路不決断（career indecision）」と概念化され，研究が進められてきた（たとえば，Salomone, 1982；下山，1986；若松，2001など）。従来，進路不決断は発達の過程で普通に見られるものと捉えられていたが，進路に関する情報提供を中心としたガイダンスだけでは進路決定にはつながらない者が一定数存在することが明らかになり，現在では何らかの支援が必要であると考えられるようになってきている。

　進路不決断を導く要因のひとつに，進路や職業を選択することに伴う不安（Charatland & Robbins, 1990；松田・永作・新井，2008）がある。たとえば，谷口・河村（2007）では職業選択に関する不安が高いほど，職業決定の程度が曖昧なことが明らかにされている。また，戸口・辰巳（2002）は志望職業が明確に決定している群の方が決定していない群よりも不安が低く，志望職業の明確さが不安に対して負の影響を持っていることを示した。さらに瀬戸（2008）においても職業選択に伴う不安と職業未決定の間に正の関連がある

4　第1部　理論的検討

ことが示されている。

　また，進路決定につながる要因として，適切な進路意思決定に必要な能力についての自信を意味する進路決定自己効力感（career decision-making self-efficacy）があり（Taylor & Betz, 1983），進路決定自己効力感と不安の関連も検討されてきた。古市（1995）では就業に対して忌避的な態度を示し，不安が伴う者は進路決定自己効力感が低いことが明らかにされている。また，西山（2003）は自身の職業への適性に関する不安が進路決定自己効力感を低減することを明らかにした。以上から，進路や職業を選択することに伴う不安は進路未決定を導き，進路決定を促す進路決定自己効力感を損なうため，進路や職業を選択することへの支援や援助においても，選択に伴う不安への介入が必要であると考えられる。

　なお，進路・職業の選択や決定に関する先行研究では，「進路」と「職業」が用語として明確に区別されて使用されてこなかった。たとえば，清水（1990）で作成された進路不決断尺度の下位尺度では，「進路（職業）決定不安」，「進路（職業）モラトリアム」のように「進路」と「職業」が並列されて使用されている。また，下山（1986）でも同様の記述がみられる。本研究では特定の職業の選択や決定といった限定的なニュアンスを含む「職業選択／決定」ではなく，職業選択に加えて将来の方向性や目標の選択や決定といったより広いニュアンスを包含する「進路選択／決定」を用いることとする。

　また，「進路選択」と「進路決定」には学術的な定義が存在しない。そのため，本研究では「進路選択」を「自身の将来の方向性や目標，それらを達成できる職業を複数の選択肢から選ぶ過程」，「進路決定」を「自身の将来の方向性や目標，それらを達成できる職業を複数の選択肢からひとつに決定すること，または決定した状態」と定義する。

第2節　大学生の就職活動と就職活動に伴う不安

　就職活動は学生生活から職業生活への移行の際に学生が避けては通れない
ライフイベントであるが，近年の就職活動は過酷な選抜競争の中で行われて
いる。たとえば，2011年卒大学生の平均エントリー社数は90.0社に対して，
平均内定社数は1.1社（レジェンダ・コーポレーション，2010）であるなど，エ
ントリー社数に対して得られた内定社数の少なさが目立ち，多数の会社から
の不採用を経験しながら，内定に向かって活動を継続している様子がうかが
える。

　このような激しい選抜競争を伴う就職活動の中で，うつ状態や自尊心の傷
つきなど精神的健康を害してしまう学生が増えているという（朝日新聞，
2010）。また，就職活動の不調はひきこもりのきっかけの12.5％であること
も報告されている（東京都青少年・治安対策本部，2007）。さらに就職失敗をき
っかけとした20代の自殺者数は2013年に最近5年間で最も少ない104人とな
っている（内閣府，2014）が，自殺未遂者は自殺既遂者の10倍以上存在する
と考えられるため，年間約1000人もの若者が就職失敗による自殺を試みてい
ると推察される。

　就職活動の過酷さから生じる精神的不健康を呈する学生の現状を受け，関
西大学では2009年からの2年間でキャリア相談のカウンセラーが新たに5人
配置された（朝日新聞，2010）。また，厚生労働省（2010）が新卒者・既卒者
向けの就職活動支援策として「新卒応援ハローワーク」を設置し，臨床心理
士からの心理臨床的サポートもそのサービス内容に含めている。このように
現代の就職活動の過酷さや，その過酷さから生じる精神的不健康に対する援
助の必要性・重要性はマスメディア，大学教育，国政のそれぞれにおいて共
通に認識されている。

　実証研究においても就職活動に臨むにあたって学生は不安を感じることが

明らかにされており（松田・新井・佐藤，2010；Saka, Gati & Kelly, 2008など），この不安の悪影響が繰り返し指摘されてきた。まず，藤井（1999）は女子大学生を対象に就職不安尺度を作成し，就職不安が抑うつとストレス反応に悪影響を及ぼすことを明らかにした。また，より細分化して就職活動不安を測定する尺度を開発した松田・永作・新井（2010）では，就職活動不安が就職活動の活動量を抑制し，活動の満足感を損なうことが示された。就職活動不安が活動量を抑制することは他の研究においてもみられ，就職活動不安低群の方が就職活動不安中群および高群よりも就職活動への準備を積極的に行っていること（松田，2013），就職活動不安と就職活動に関する取り組みの総回数の間に負の相関があること（王・黄，2011）が明らかにされている。さらに自己決定理論に基づく自律的就職動機と就職活動に関する不安の関連について検討した福住・青木・山口（2010）は，自己決定的な動機づけと就職不安には負の関連，非自己決定的な動機づけと就職不安には正の関連があることを示しており，不安によって自律的な就職活動が阻害されると考えられる。

　就職活動に対して，一定の不安を感じることは自然であり，適応的な側面も含まれていると考えられるが，不安が過剰になった際に就職活動のパフォーマンスや就職活動中の精神的健康が損なわれることを考慮すると，不安への介入の必要性が示唆される。加えて，就職活動は新奇な活動であることから，どのように活動を進めていけば良いか十分に理解している学生は少ない（下村・堀，2004）。そのため，不安への直接的なサポートに加えて，就職活動のスケジュールやエントリーシートの書き方，面接試験の受け方など，具体的な情報面でのサポートを通した不安の低減も必要である。

　以上から，本書では進路選択と就職活動それぞれに伴う不安への支援について検討を行う。また，進路選択と就職活動には連続性があるものの，それぞれ達成するべき課題が異なるため，それぞれを異なる過程として取り扱うこととする。

第3節　進路選択や就職活動に関するサポート資源についての研究

　自身の人生の目標や方向性を考えながら進路を選択していくことや，就職活動を進めていく上で生じてくる心理的問題や具体的な情報面での問題に直面したとき，自身の力だけで問題を解決することは困難であることが多く，必要に応じて自分の周囲の人やサービスのような外的資源から得られるサポートを利用することになる。

　本研究では，このようなサポートを得られる外的資源をサポート資源と称した上で，本節において進路選択や就職活動に臨む学生のサポート資源に関する研究知見の整理を行う。なお，日本の就職活動は諸外国の就職活動とは異なり，新卒一括採用のため新卒者以外の就職は困難であること，企業の採用スケジュールが画一的なため（下村・木村，1997），短期間に集中して行われること（安達，2003），といった特徴がある。そのため，諸外国における就職活動の過程で必要とされるサポートと本邦の就職活動の過程で必要とされるサポートは異なる可能性がある。これらのことから，本節では本邦で行われた進路選択に関するサポート資源や就職活動中のサポート資源の研究を中心に概観する。

1．利用されるサポート資源の種類に関する研究

　悩みの問題領域ごとに大学生はどのような相手に援助を求めるのか，被援助志向性の観点から検討した木村・水野（2004）では，「修学・進路面」の問題領域において，友達や家族のようなインフォーマルな援助者への被援助志向性が学生相談といったフォーマルな援助者への被援助志向性よりも高いことが示された。また，佐藤（2008）では家族や友達，専門家に自助資源である紙メディアと電子メディアを加えて，問題領域ごとに援助資源の利用の多寡について検討を行い，専門家の利用は他の援助資源の利用よりも有意に

少ないことが明らかにされている。さらに進路選択に関する援助要請行動を友達，家族，大学スタッフといった援助者ごとに検討した成田・緒賀（2010）においても，友達への援助要請行動が最も高く，次いで家族が高く，大学スタッフが最も低かった。與久田・太田・高木（2011）においても進学・就職・将来の領域における援助要請行動は家族，友人，教員，専門家の順に行われることが明らかにされている。以上から，友達や家族のようなインフォーマルなサポート資源や書籍のような紙メディア，インターネットのような電子メディアに比べて，専門家といったフォーマルなサポート資源は用いられにくいことが一貫して示されている。なお，諸外国においてもこの傾向は我が国と同様であり，Domene, Shapka, & Keating（2006）は先行研究を概観した上で職業の計画に関する問題はカウンセラーのような専門家よりも特に家族のような非専門家に援助要請を行う傾向があることを指摘している。

　また，下村・木村（1994）は周囲の人，企業，マスコミ，大学の4カテゴリー，22種類の情報の利用度と重視度を調査し，(1)企業および周囲の人は利用度および重視度が高いサポート資源であること，(2)大学は利用度は高くないが重視度が高いサポート資源であることを明らかにしている。

　下村・堀（2004）では就職活動初期と後期で重視される情報源の違いを，縦断調査を用いて検討している。その結果，就職活動の初期では下村・木村（1994）と同様に企業や大学から得られる情報や周囲の人が情報源として重視されていたが，就職活動の後期では企業や大学，就職サイト，就活本のような誰にでも入手できる情報源は重視されなくなることが示された。

　本節で概観した研究では，友人・家族といった周囲の人々や就職サイト・就活本のような自助資源，企業が就職活動中のサポート資源として，より頻繁に用いられていることが示されていた。また，援助要請・被援助志向性研究で明らかにされた，大学内の専門家への援助の求めにくさは，研究実施当時と現在で大学が担っている情報源としての機能が異なる可能性があるが，

下村・木村（1994）において情報源としての大学の利用度は低かったことと一貫した結果である。

２．サポート資源の利用の効果に関する研究

サポート資源利用の効果に関しては，ソーシャルサポートの効果に関する研究，ウェブサイトの利用の効果に関する研究，その他の研究に大きく分類することができる。以下，順に研究動向を概観する。

ソーシャルサポートの効果に関する研究

進路選択とソーシャルサポートの関連については，親や友人からのサポートが進路選択自己効力感を介して，職業選択の未関与に及ぼす影響が検討されている（松田・前田，2007）。男女別に行われた共分散構造分析の結果から，男性では親からのサポートが進路選択自己効力感を促進し，職業選択への未関与を抑制する一方，女性では友人からのサポートが進路選択自己効力感を促進し，職業選択への未関与を抑制することが明らかにされた。

就職活動とソーシャルサポートの関連は下村・木村（1997）が本邦で最初に検討を行った。彼らは家族，先輩，同性の友人，異性の友人からのソーシャルサポートをとりあげ，就職活動の満足感との関連を明らかにした。就職活動関与（高群・低群）×性別（男性・女性）の４群ごとにソーシャルサポートと就職活動の満足感の相関係数を算出し，(1)男性関与低群で，同性・異性の友人の情緒的サポートと受動的満足感に負の相関がみられること，(2)男性関与高群で家族の情緒的サポート，先輩や同性の友人の情緒的・情報的サポートが積極的満足感と正の相関がみられ，家族の情報的サポートと積極的満足感に負の相関がみられること，(3)女性関与低群では先輩の情緒的・情報的サポートと積極的満足感に正の相関がみられること，(4)女性関与高群では家族の情緒的・情報的サポート，同性の友人の情報的サポート，異性の友人の情緒的サポートと積極的満足感に正の相関がみられ，異性の情緒的・情報的サ

ポートと受動的満足感に正の相関が，家族の情報的サポートと受動的満足感に負の相関がみられることが示された。このようにソーシャルサポートにはおおむね就職活動の満足感を増加させる傾向があるが，男女とも高関与群で家族の情報的サポートが満足感を抑制する場合があることが明らかになっている。

　他にソーシャルサポートと就職活動の関連を検討した研究には Adachi (2009) と赤田・若槻 (2011) がある。Adachi (2009) はソーシャルサポートの知覚が就業動機のうちの自己向上志向を媒介し，就職活動に関連する活動を増進させることを明らかにした。また，赤田・若槻 (2011) は，大学 4 年生および短期大学 2 年生を対象として研究を行い，友人と学校からのソーシャルサポートが進路選択自己効力感に正の影響を，職業的不安に負の影響を及ぼし，進路選択自己効力感が職業的不安に負の影響を及ぼすモデルを共分散構造分析によって検討した。進路決定群と進路未決定群を分けて行った分析の結果，進路決定群では友人からのソーシャルサポートが職業的不安を抑制すること，一方で進路未決定群では職業的不安を増悪させることが示された。加えて，大学 4 年生においては学校からのソーシャルサポートが進路決定自己効力感を介して職業的不安を抑制することが明らかにされた。

　以上のように周囲の人々から得られるサポートであるソーシャルサポートはおおむね進路選択への関与を高め，就職活動の満足感の向上や職業的不安の低減に寄与するなど，進路選択や就職活動に対して良好な影響を持っていた。しかし，条件によっては満足感・職業的不安に対してネガティブに作用することも示された（赤田・若槻，2011；下村・木村，1997）。ソーシャルサポートに関する研究では，どのような条件下で，どのようなストレッサーに対して，どのようなサポートが有効なのか，サポートの適合性を明らかにすることの重要性が指摘されている（嶋，1992）。したがって，臨床的応用への知見を得るためには，サポートが有効に機能する条件を精査することが必要である。

　また，ソーシャルサポートは進路選択自己効力感を促進するという知見が

一貫してみられ，進路選択自己効力感が就職不安や職業選択への未関与など
の不適応的な変数を抑制していた（赤田・若槻，2011；松田・前田，2007）。す
なわち，進路選択自己効力感はソーシャルサポートが不適応的な変数に対し
て影響を与える際の媒介変数として機能することが示された。ソーシャルサ
ポートが効果的に機能する背景には，ソーシャルサポートが不適応的な変数
に対して直接的な影響を持つだけでなく，ソーシャルサポートが進路選択自
己効力感を高め，進路選択自己効力感が不適応的な変数を抑制するといった
機序が存在している可能性がある。

ウェブサイトの利用の効果に関する研究

　ウェブサイトの利用に関する研究は就職サイトの利用に関する研究とソー
シャル・ネットワーキング・サービス（SNS）の利用に関する研究が存在す
る。就職サイトの利用が就職活動に及ぼす影響は下村（2001）と下村・堀
（2001）が検討を行っている。下村（2001）の縦断調査では，就職サイト利用
度高群の方が低群よりも，就職活動を継続する者が多いこと，就職に関する
情報探索の開始が早いこと，就職活動の終盤において就職活動に対する満足
感が低いことが示された。これらの結果を踏まえて，就職サイトの利用が必
ずしも就職活動の順調さそのものに結びつかない可能性があり，悪影響があ
ることもあると結論されている。

　下村・堀（2001）もまた，就職サイトの利用の就職活動に与える影響を縦
断調査によって検討している。その結果，就職サイト利用度高群は低群より
も，5月下旬の時点で就職活動の進み具合や就職活動への満足度を低く評価
していることが明らかになった。就職サイトの利用によって重要でない情報
や無関連な情報を含む多数の情報に触れることになり，かえって進路選択過
程を混乱させてしまった可能性が指摘されている。

　以上のように下村（2001）と下村・堀（2001）では一貫して，就職サイト
の利用が就職活動にネガティブな影響を与える可能性が示唆されている。し

12　第1部　理論的検討

かしながら，これらの研究は単に就職サイトの利用頻度の多寡による検討であり，元々，就職活動を順調に行えない学生がより積極的に就職サイトを利用している可能性も考えられるため，さらなる検討が必要である。また，インターネットや個人用の PC の普及とともに，就職サイトによって提供されるサービスも様々に変容していることを考えると，新たに検討する必要があるだろう。

　近年，SNS のひとつである Facebook を通して，情報収集を行ったり，企業の人事担当者と直接連絡をとることが就職活動の過程で盛んに行われている（高橋，2011）。しかし，実証研究においては，個人の属性と大学の属性を統制すると，Facebook の利用と内定の取得には相関がないことが示されている（柿澤・田澤・梅崎，2013）。研究数が少ないため，今後の研究知見の蓄積が望まれるが，現時点の研究においては SNS の就職活動への良好な影響には懐疑的にならざるを得ない。

その他の研究

　就職活動に関する情報源を扱った研究として，下村・堀（2004）がある。この研究では就職活動における情報源として就職サイト，OB/OG，友人を主に取り上げ，それらが就職活動の結果に及ぼす影響を縦断調査によって検討した。パス解析の結果から，OB/OG を情報源とした場合，志望度の高い企業から内定を得て，早期に就職活動を終える割合が高かった。一方で，友人からの情報は就職活動後半においても重視されているにもかかわらず，就職活動の結果に直接的な影響を及ぼさなかった。この結果に関して，友人からの情報は就職活動に伴うストレスを軽減したり，モチベーションを引き出すような機能を果たし，結果的に就職活動プロセスを維持するのに必要な情報となっている可能性が指摘されている。この指摘に関して，田中（2014）は友人とお互いにキャリアに関することについて話し合う関係性を持っていることが職業レディネスを高めることを明らかにしており，下村・堀

（2004）の指摘を部分的に支持するものであると考えられる。また，下村（2005）においても就職活動の進行状況に関する情報を交換しうる友人の存在の重要性が述べられている。

　中島・無藤（2007）は就職活動を目標達成プロセスとして捉え，そのプロセスの中で用いられる目標達成のための方略と就職達成の関連の検討を行った。その結果，周囲からのサポートや外的資源の活用といった方略は内定の獲得に結び付かず，就職達成の順調さに負の影響を与えていることが示された。しかしながら，同時に周囲のサポートを利用することは目標達成への直接的行動方略を介して，内定獲得を促進しているという結果も明らかになった。この結果を踏まえて，友人に話を聞いてもらうなどの周囲からのサポートは継続的に続く求職行動を支えるために必要なものであると指摘されている。また，中島（2012）では中島・無藤（2007）で関連がみられなかった変数とパスを除いてモデルを再構成・再分析した結果，中島・無藤（2007）と同様の結果が示され，周囲のサポート利用は直接的には就職達成を阻害するが，目標達成を志向した行動を媒介して，就職達成を促進していた。

　佐藤（2013）は進路決定自己効力感を高める就職活動中の情報源について検討を行うにあたって，情報源のひとつとして他者からの助言や励ましに相当する「言語的説得」を取り上げている。相関分析の結果，家族および家族以外の資源からの助言や励ましが進路決定自己効力感と正の相関を持っており，特に男性において相関が大きかった。また周囲の他者からの言葉がけを検討した研究に浦上・山中（2012）がある。この研究では，周囲の他者からの言葉がけと就職活動に対する意味づけとの関連が検討され，周囲からの言葉がけによってやる気がひきだされるほど，内発的で主体的な就職活動を行い，周囲からの言葉がけがプレッシャーになるほど他者からの評価を重視した就職活動を行うことが明らかにされた。

　これまで概観してきた研究で示されていたように，周囲のサポート資源の利用はおおむね就職活動に良好な効果を示すことが，これらの研究において

14　第1部　理論的検討

も明かになっている。しかしながら，友人を情報源として利用することや周囲のサポート利用は就職活動の過程を支えるが，直接的には就職達成には結び付かないという指摘（中島，2012；中島・無藤，2007；下村・堀，2004）があり，サポートの直接的な効果には限界があることも示唆されている。また，その他にも条件によってサポートが必ずしも良好に機能しない場合があることが確認された（たとえば，下村・木村，1997）。嶋（1992）がストレッサーとサポートの間の適合性に注目する必要があると主張するように，サポートが良好に機能する条件についても，検討を行う必要があろう。

第4節　先行研究の問題点と本研究で導入する新たな視点

　先行研究を精査したところ，サポート資源を利用することの内定獲得への直接的な効果に限界があることや，条件によってはサポート資源の利用が進路選択や就職活動に妨害的な機能を持つ可能性があることが示されたものの，周囲のサポート資源を利用することはおおむね進路選択や就職活動に良好な影響をもたらすことが明らかになった。そこで，本研究では進路選択や就職活動に伴う不安およびその悪影響を緩和する要因としてサポート資源を取り上げることとする。

　本節では不安の緩和要因としてサポート資源を取り上げるにあたって考えられる先行研究の問題点と本研究で導入する新たな視点について論じる。

1．進路選択や就職活動の場面を反映した尺度開発の必要性

　従来のサポート資源の研究においては同性の友人，異性の友人，父親，母親，教師，きょうだいなどの資源別に得られるサポートを測定してきた（福岡・橋本，1997；久田・千田・箕口，1989；嶋，1991；1992など）。また，就職活動場面に限定されたソーシャルサポートに関する研究（赤田・若槻，2011；松田・前田，2007；下村・木村，1997）では友人と学校，友人と家族，あるいは

家族，先輩，同性の友人，異性の友人をサポート資源として測定をおこなっている。

　しかしながら，先行研究のサポート資源の分類は研究者が設定した分類であり，サポートの内容も一部の研究を除いて進路選択や就職活動の場面に即していない，一般的な内容であるという問題点がある。そのため，進路選択や就職活動の場面におけるサポート資源やそのサポート内容を考える際には，さらなるサポート資源の細分化やサポートの内容の具体化が可能である。

　また，本研究で導入する新たな視点として，インターネットや書籍の利用に関する効果を検討する。近年の進路選択や就職活動ではインターネットや書籍などの資源も活発に利用されているが，これらの資源の利用に関する研究の蓄積は不十分である。これらのことから，サポート資源の分類を進路選択や就職活動に臨む学生の実態から捉え直し，その実態を反映した尺度を新たに作成する必要があると考えられる。

　なお，尺度作成の際には進路選択に関するサポート資源を測定するものと就職活動に関するサポート資源を測定する尺度を別個に作成する必要性がある。なぜなら，松田ら（2008）は進路選択の際に特徴的な不安を明らかにし，北見・茂木・森（2009）や松田・永作ら（2010）は就職活動に特徴的な不安やストレッサーを明らかにしており，それぞれにおいて有効であるサポート資源やサポートの内容が異なると考えられるためである。

　また，下村・堀（2004）ではOB/OGが就職活動の結果に対して，有効な情報源であることが明らかにされている。しかしながら，OB/OGに会って情報を得ることは，企業によっては第一次面接としての役割を果たしている場合もあり，必ずしも単純にOB/OGからの情報の有効性そのものが就職活動の結果に結びついているとは言い難い側面がある。OB/OGに会って情報を得ることはサポートであると同時に面接試験という就職活動であるといった2面性を持ち，これら2つの効果を弁別することができないため，本研究ではOB/OGをサポート資源として扱わないこととする。

2．サポート資源の認知と活用を別個に測定する必要性

　これまで概観してきた進路選択や就職活動におけるサポート資源に関する先行研究では知覚したソーシャルサポート（赤田・若槻，2011；松田・前田，2007；下村・木村，1997），すなわちサポート資源の「認知」に関する研究と，援助資源の利用（佐藤，2008）や情報源の利用（下村・堀，2004），社会的サポートや外的資源の活用（中島・無藤，2008），すなわちサポート資源の「活用」に関する研究が行われてきている。

　しかしながら，資源の処理においては保持する資源を「認知し」，それをうまく「活用する」という2つの側面があること（井隼・中村，2008）やサポートの認知過程と実行過程の双方についての知見を得るため，知覚したソーシャルサポートと実行されたソーシャルサポートの両方を測定することの重要性が指摘されている（Wills & Shinar, 2000）。さらに Cohen & Wills（1985）のソーシャルサポートの機能過程に関するモデルでは，知覚されたソーシャルサポートがストレッサーの脅威度の評価に，実行されたソーシャルサポートがコーピングに影響を与えることが指摘されている。さらにこのモデルについて詳述すると，まず必要に応じてサポートが得られると認知していれば事態を深刻なものと捉えない。すなわち，資源の「認知」によって，生じた問題への否定的な評価が軽減されるため，サポート資源の「認知」は問題に対して予防的に働く。しかし，いったん問題が深刻なものであると認知された場合，その問題への対処が促される。この際に，周囲のサポート資源を活用して，問題に対処する。すなわち，資源の「活用」は問題が起きた後の対処として用いられると考えられる。

　このようにサポート資源の「認知」と「活用」に分けて，サポート資源の機能を測定することの重要性やそれらの機能の違いを示すモデルが提唱されているものの，この両方に実証的にアプローチした研究は，進路選択や就職活動に関する研究では皆無である。しかし，一般的な精神的健康との関連を

扱ったものはわずかに存在する。Helgeson（1993）ではサポートの種類（情報的，情緒的，道具的），あるいはサポートを受ける人が患者なのか，その配偶者なのかによって，知覚したソーシャルサポートと実行されたソーシャルサポートが適応に及ぼす影響が異なることが明らかにされた。また，Wethington & Kessler（1986）では知覚したソーシャルサポートを1項目で測定しているという問題点があるが，知覚したソーシャルサポートの方が実行されたソーシャルサポートよりも適応に強い影響を持っていることが示されている。しかしながら，この2つの研究は単に知覚したソーシャルサポートと実行されたソーシャルサポートの両方の影響を検討しているだけであり，Cohen & Wills（1985）のモデルに示されるような機能の違いには焦点をあてていない。

　以上のことをまとめると，先行研究ではサポート資源の認知（予防的側面）と活用（対処的側面）のどちらかのみを扱っており，その両方を測定していない，もしくはその両方を測定していてもサポート資源の認知と活用のそれぞれの機能を検討していないという問題点がある。そのため，サポート資源の認知（予防的側面）もしくはサポート資源の活用（対処的側面）のどちらが有効なのか，すなわち，予防と対処のどちらの時点での介入が有効であるか明らかになっていなかった

　本研究では，サポート資源に関して，その「認知」と「活用」を分けて捉えて，その両方に注目していくことによって，サポート資源が機能するメカニズムを明らかにする。このメカニズムを本研究に即して，具体的に述べると，サポート資源を認知することによって進路選択や就職活動への脅威度の認知が低減されるため，それらに伴う不安が低減される。すなわち，サポート資源の認知は進路選択や就職活動に伴う不安に対して，予防的機能を備えていると考えられる。また，進路選択や就職活動に伴う不安が喚起された際には，サポート資源を活用することで対処する。すなわち，サポート資源の活用は不安への対処的機能を備えていると考えられる。

第2章　本書の目的と論文の構成

第1節　本書の目的

　本節では，前章で述べた先行研究の問題点を踏まえ，本研究で達成すべき目的を整理する。

1．進路選択／就職活動の場面に即したサポート資源の認知と活用を測定する尺度の開発

　本研究の目的の1つ目は進路選択／就職活動の場面に即したサポート資源の認知と活用を測定する尺度の開発である。すでに述べたように，進路選択や就職活動の場面におけるサポート資源やそのサポート内容を考える際には，さらなるサポート資源の細分化やサポートの内容の場面に即した具体化が可能である。そのため，本研究では進路選択や就職活動中の学生が活用するサポート資源とそのサポート内容についての実態を明らかにするために，質的調査による探索的な検討を行い，作成する尺度の項目を収集する。そして，質的調査を基にサポート資源の認知と活用を測定する尺度の原版を作成し，その妥当性と信頼性を検討する。なお，先述したように進路選択に関する場面と就職活動に関する場面では，それぞれ必要になるサポート資源やサポートの内容が異なると考えられるため，「進路選択に関するサポート資源認知尺度および活用尺度」と「就職活動中のサポート資源認知尺度および活用尺度」を作成する。

2．サポート資源の認知と活用が進路選択および就職活動に及ぼす影響

　本研究の目的の2つ目は，サポート資源の認知と活用が進路選択および就職活動に及ぼす影響を，認知と活用のメカニズムの違いから検討を行うことである。すでに述べたように，進路選択の過程では進路選択に関する不安が進路決定を阻害し，将来の方向性を描くことが困難になること（瀬戸，2008；谷口・河村，2007など），就職活動の過程では就職活動に関する不安が就職活動の活動量を抑制し，就職活動中の精神的健康を害すること（松田・永作ら，2010など）が明らかにされている。そこで，本研究ではサポート資源の認知と活用を取り上げて，不安の上述したような悪影響を緩和するモデルを検討する。具体的には，(1)サポート資源の認知は進路選択および就職活動の脅威度を軽減し，それらに伴う不安を予防的に低減する，(2)進路選択に関する不安や就職活動に関する不安が喚起された際にはサポート資源の活用が対処として用いられ，不安の悪影響を緩和するモデルを想定し，サポート資源の認知と活用の進路選択および就職活動への影響を明らかにする。このモデルをFigure 2-1，Figure 2-2に図示する。

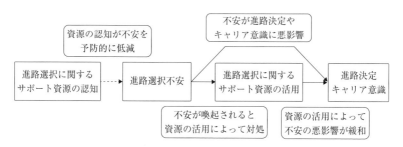

Figure 2-1　サポート資源の認知と活用が進路選択に及ぼす影響のモデル

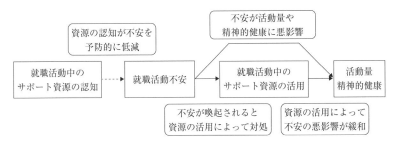

Figure 2-2　サポート資源の認知と活用が就職活動に及ぼす影響のモデル

3．サポート資源の認知と活用の促進・抑制要因の検討

　本研究の3つ目の目的は，サポート資源の認知と活用の促進・阻害要因の検討である。本研究で得られた知見をキャリア支援やキャリア教育の実践に還元するために，特に進路選択や就職活動の過程において，有用であると明らかになった資源に注目し，サポート資源の認知および活用を促進する要因と抑制する要因を明らかにする。

第2節　本研究の意義

　本研究の意義は大きく4点ある。まず，第1に進路選択や就職活動に臨む学生の実態に基づいた尺度を用いることによって，これまで検討されてこなかったサポート資源の影響についても検討することが可能になり，学生が抱える困難への新しい有効なアプローチを明らかにすることができる。また，第2に，同様の理由から，すでに実施されているキャリア教育やキャリア支援の有効性を実証データに基づいて示すことが可能である。さらに，第3に，サポート資源の認知と活用のそれぞれの機能を検討することによって，どのような問題に対してはサポート資源の認知，すなわち予防が重要となり，どのような問題に対してはサポート資源の活用，すなわち対処が重要となるの

22　第1部　理論的検討

か，どの時点での介入が有効なのか明らかにすることができる。そして，第4に，進路選択や就職活動に有用なサポート資源の認知と活用の促進要因と抑制要因を明らかにすることによって，実証的に効果の確認されたキャリア教育やキャリア支援を提言することが可能になる。

第3節　本書の構成

　本書は「第1部　理論的検討」，「第2部　実証的研究」，「第3部　総合考察」から構成されている。本書の構成を Figure 2-3 に示す。

　第1部の理論的研究は2つの章から構成される。はじめに第1章では，現代における進路選択と就職活動を取り巻く困難な状況についてまとめ，その解決方策としてのサポート資源の可能性を，先行研究を概観しながら整理した。また，その後に先行研究の問題点と本研究で新たに導入する視点について述べた。続く第2章である本章では，第1章の指摘を基に，本研究の目的と意義，本書の構成，用語の定義を示す。

　第2部の実証的研究は5つの章から構成される。まず，第3章（研究1-1,研究1-2）および第4章（研究2-1，研究2-2）ではそれぞれ，「進路選択に関するサポート資源認知尺度および活用尺度」と「就職活動中のサポート資源認知尺度および活用尺度」を作成し，その信頼性と妥当性を検討する。続く，第5章（研究3，研究4）では，第1章と第2章で作成した尺度を用いて，サポート資源の認知と活用が進路選択と就職活動に及ぼす影響を検討する。そして，第6章（研究5-1，研究5-2，研究5-3，研究6）および第7章（研究7-1,研究7-2，研究7-3，研究8）では第3章で明らかになった有用な進路選択に関するサポート資源と就職活動中のサポート資源に着目し，その認知と活用を促進する要因と抑制する要因について検討を行う。

　第3部の総合考察は3つの章から構成される。まずはじめの第8章では実証研究を通して得られた知見をまとめ，その知見について考察する。また，

第2章 本書の目的と論文の構成　23

第1部　理論的検討

第1章　問題の所在	第2章　本書の目的と論文の構成

第2部　実証的研究

第3章　進路選択に関するサポート資源 認知尺度および活用尺度の作成 【研究1-1】 進路選択に関するサポート資源認知尺度および活用尺度原版の作成 【研究1-2】 進路選択に関するサポート資源認知尺度および活用尺度の信頼性・妥当性の検討	第4章　就職活動中のサポート資源 認知尺度および活用尺度の作成 【研究2-1】 就職活動中のサポート資源認知尺度および活用尺度原版の作成 【研究2-2】 就職活動中のサポート資源認知尺度および活用尺度の信頼性・妥当性の検討

第5章　サポート資源の認知と活用が進路選択と就職活動に及ぼす影響

【研究3】
進路選択に関するサポート資源が職業選択不安および進路未決定，キャリア意識に及ぼす影響

【研究4】
就職活動中のサポート資源が就職活動不安および活動量，就職活動中の精神的健康に及ぼす影響

第6章　進路選択に関するサポート資源 の促進・抑制要因に関する検討 【研究5-1】 援助要請スキルが進路選択に関するサポート資源の認知と活用に及ぼす影響 【研究5-2】 援助要請スタイルが進路選択に関するサポート資源の認知と活用に及ぼす影響 【研究5-3】 小集団閉鎖性が進路選択に関するサポート資源の認知と活用に及ぼす影響 【研究6】 両親の職業への態度認知が進路選択に関するサポート資源の認知と活用に及ぼす影響	第7章　就職活動中のサポート資源 の促進・抑制要因に関する検討 【研究7-1】 援助要請スキルが就職活動中のサポート資源の認知と活用に及ぼす影響 【研究7-2】 援助要請スタイルが就職活動中のサポート資源の認知と活用に及ぼす影響 【研究7-3】 小集団閉鎖性が就職活動中のサポート資源の認知と活用に及ぼす影響 【研究8】 両親の職業への態度認知が就職活動中のサポート資源の認知と活用に及ぼす影響

第3部　総合考察

第8章　結果のまとめと考察	第9章　本研究の限界と今後の課題	第10章　実践活動への示唆

Figure 2-3　本書の構成

続く第9章では本研究の限界と今後の課題について述べる。そして，最後の第10章では本研究で得られた知見を基にキャリア教育やキャリア支援など実践活動への提言を行う。

第4節　用語の定義

1．サポート資源の認知と活用

本研究では，サポート資源の認知を「外的資源から得られるサポートの活用可能性を認知すること」，サポート資源の活用を「外的資源から得られるサポートを実際に活用すること」と定義する。

2．進路選択

すでに述べたように，進路・職業の選択や決定に関する先行研究では，「進路」と「職業」が用語として明確に区別されて使用されてこなかった。また，「進路選択」と「進路決定」についても学術的な定義が存在しない。

そのため，本研究では「進路選択」を「自身の将来の方向性や目標，それらを達成できる職業を複数の選択肢から選ぶ過程」，「進路決定」を「自身の将来の方向性や目標，それらを達成できる職業を複数の選択肢からひとつに決定すること，または決定した状態」と定義する。

3．就職活動

従来の研究では，就職活動は明確に定義されてこなかった。たとえば，友人と就職のことについて話すことを，下村・木村（1997）ではソーシャルサポートとして，鈴木（2009）では就職へ向けての取り組みの準備行動として，杉本（2007）では就職活動プロセスの初期活動として捉えている。

そこで本研究では下村・木村（1997）が指摘する企業の採用活動のスケジ

ュールに合わせて活動を継続していくことの重要性の観点から，操作的に就職活動を「企業の採用活動に取り組むこと」と定義する。すなわち，自己分析や企業分析，業界研究などは，企業の採用活動への準備と捉え，企業への資料請求，会社説明会への参加，プレエントリーの登録，エントリーシートの提出，筆記試験や面接試験を受けることなどを就職活動とする。

　なお，本研究の就職活動の定義に合致した研究として，佐藤・梅崎・上西・中野（2010）があり，就職活動のプロセスをプレエントリー，セミナー・会社説明会，本エントリー，筆記試験，面接から捉えている。

第 2 部　実証的研究

第3章　進路選択に関するサポート資源認知尺度および活用尺度の作成（研究1）

第1節　研究1の目的

　研究1では進路選択に関するサポート資源認知尺度および活用尺度を作成し，その信頼性と妥当性を検討することを目的とする。研究1-1では自由記述式質問紙による質的調査を行い，進路選択に臨む学生の実態に即した尺度項目を作成する。研究1-2では研究1-1で作成した項目から構成された進路選択に関するサポート資源認知尺度および活用尺度の原版を用いて，因子構造を確認し，信頼性と妥当性を検討する。

第2節　研究1-1　進路選択に関するサポート資源認知尺度および活用尺度原版の作成

1．目的

　研究1-1では，進路選択に関するサポート資源認知尺度および活用尺度の原版を作成することを目的とする。

2．方法

調査対象者

　調査対象者は，関東圏の国立大学1校，公立大学1校，私立大学1校の大学2〜4年生33名（男性：7名・女性：26名，平均年齢＝20.73，$SD = 0.72$）であ

30 第 2 部 実証的研究

った。

調査時期および調査手続き

2013年10月に，無記名の個別記入形式の質問紙を心理学の講義時間に配布し，回答を求めた。

調査内容

⑴ デモグラフィック変数

学年，年齢，性別，専門分野（文系・理系）の記入を求めた。

⑵ 進路選択に関して活用したサポート資源およびサポート内容

「あなたは，進路について悩んだ際に，誰にどのようなことを相談しましたか？」，「あなたは，進路について悩んだ際に，サービスやもの（書籍・インターネット）などを使って，悩みを解消しようとしましたか」と教示し，自由に回答を求めた。

倫理的配慮

フェイスシートに調査への協力は自由意思に基づくこと，質問紙の提出後も回答を撤回することができること，調査に回答しないことによって不利益を被ることはないことを明記した。なお，本研究は筑波大学人間系研究倫理委員会の承認を得て，実施された。

3．結果と考察

⑴ 進路選択に関して活用したサポート資源およびサポート内容の分類

サポート資源の活用に関して，自由記述式質問紙から109の記述を得た。得られた記述に対して，KJ法を援用して心理学を専攻する大学院生 2 名で記述の分類を行った。

記述の分類結果を Table 3-1 に示す。分類の結果 8 カテゴリーと18サポート源，31サポート内容が得られた。サポート内容の「情緒的サポート」には，不安な気持ちを聞いてもらうなどの感情面に関するサポートの記述が分類され，「道具的サポート」には，進路選択に関するアドバイスや情報をもらう

など具体的な意思決定に関するサポートの記述が分類された。なお，「内容不明」には，「相談した」のような具体的なサポートの内容がわからない記述が分類された。分類の結果，進路選択に関するサポート内容はサポート源による違いがあまりみられないことが示された。

　次に，それぞれのサポートを活用している人数を調査対象者全体の人数で除し，それぞれのサポートがどの程度の割合で活用されているかパーセンテージを算出した（以下，このパーセンテージを活用率と表記する）。活用率が15％を超えたサポート内容は「インターネットからの道具的サポート（18人：54.55％）」，「友人からの内容不明のサポート（9人：27.27％）」，「書籍からの道具的サポート（8人：24.24％）」，「友人からの道具的サポート（6人：18.18％）」，「父親からの内容不明のサポート（6人：18.18％）」，「母親からの道具的サポート（6人：18.18％）」であった。サポート内容では道具的サポートが，サポート資源はインフォーマルなサポート資源および自助資源がより活用されていた。インフォーマルなサポート資源や自助資源が活用されやすいという結果は，佐藤（2008）や木村・水野（2004）と一致した結果である。

⑵　進路選択に関するサポート資源認知尺度および活用尺度原版の作成

　続いて，記述の分類と活用率を参考に，進路選択に関するサポート資源認知尺度および活用尺度の原版を作成した。原版作成の際には活用率の高かった「友人」，「父親」，「母親」，「インターネット」，「書籍」の5サポート源と「大学教員」，「就職課」，「先輩」の3サポート源を下位尺度として想定し，それぞれの下位尺度ごとに項目を4項目以上作成した（Table 3-2）。

　「大学教員」や「就職課」，「先輩」については，活用率が15％を超えていないが，以下の理由から尺度の原版を構成する上で下位尺度として加えた。「大学教員」と「就職課」については，2011年4月に大学設置基準が改正され，大学教育におけるキャリア教育が義務化された。そのため，大学教育に携わる「大学教員」と「就職課」を含めて検討することは，キャリア教育へ

32　第2部　実証的研究

Table 3-1　記述の分類結果と

カテゴリー	サポート源	サポート内容	活用人数
友人	友人	情緒的サポート	4
		道具的サポート	6
		内容不明	9
	同じような進路の友人	道具的サポート	1
		内容不明	3
先輩	先輩	道具的サポート	2
		内容不明	2
家族	家族	情緒的サポート	1
	両親	道具的サポート	2
		内容不明	3
	父親	道具的サポート	2
		内容不明	6
	母親	情緒的サポート	2
		道具的サポート	6
		内容不明	4
	兄弟	内容不明	2
	親戚	道具的サポート	1
		内容不明	2
先生	先生	内容不明	4
	高校の担任の先生	内容不明	1
	塾の先生	道具的サポート	1
		内容不明	2
就職課	就職課	情緒的サポート	2
		道具的サポート	4
		内容不明	2
社会人	社会人	内容不明	3
書籍	書籍	道具的サポート	8
	資料	道具的サポート	1
インターネット	インターネット	道具的サポート	18
		内容不明	4
	就職サイト	道具的サポート	3

の示唆を提供するという観点から意義深いと考えられる。また「先輩」については，自身よりも先に進路に関する決定や悩みに向き合っている存在であるため，そのような存在から得られるサポートは有益である可能性が高く，あわせて検討することとした。なお，進路選択に関するサポート内容はサポート源による違いがみられなかったため，人的資源と自助資源でそれぞれ共

第3章　進路選択に関するサポート資源認知尺度および活用尺度の作成　　33

活用率

活用率	項目例
12.12%	友達に本当にこの進路でいいのかなという不安をきいてもらった
18.18%	友達に将来やりたいことを話した
27.27%	友達と語り合った
3.03%	同じ進路の友人に今何しているか聞いた
9.09%	似た進路の友人に，その進路について相談した
6.06%	先輩に進路についてのアドバイスをもらった
6.06%	自分が進みたい領域の先輩に相談した
3.03%	家族に本当にこの進路でいいのかなという不安をきいてもらった
6.06%	両親と将来何を仕事にするのがいいか話し合った
9.09%	両親に将来への方向性が固まってきたことを伝えた
6.06%	父親に自分の進路について話し，意見を（少し）もらった
18.18%	父親に働くというのはどういうことか聞いた
6.06%	母親に不安を聞いてもらいつつ，進路の希望を話した
18.18%	母親に職種選びについて聞いた
12.12%	母親に相談した
6.06%	兄に進路について考えていることを話した
3.03%	いとこのおじさん（息子さんが就活した）にどうしたらいいか相談した
6.06%	いとこに将来像について相談した（就職，大学，結婚など）
12.12%	キャリアの相談で先生に話した
3.03%	高校の担任に相談した
3.03%	予備校の先生に進路実現に向けて相談した
6.06%	塾の先生に将来なりたいもの，進路等の相談をした
6.06%	大学の就職課で将来への不安について聞いてもらった
12.12%	キャリア支援課の人に何からすればいいのか相談
6.06%	大学のキャリアセンターの人に相談した
9.09%	バイト先に自分の将来やりたいことが本当にそれでいいのか相談した
24.24%	就きたい仕事をやっている人が書いた本を読んだ
3.03%	資料などで職業について調べた
54.55%	インターネットで将来について調べた
12.12%	インターネットで調べる
9.09%	リクナビを使って，インターンとかについて調べた

通の内容とした。尺度項目の表現の妥当性に関しては，心理学の教員1名と心理学を専攻する大学院生1名で検討を行った。

　以上から，進路選択に関するサポート資源認知尺度および活用尺度の原版が作成された。研究1-2では，これらの尺度の信頼性と妥当性を検討する。

34 第2部 実証的研究

Table 3-2 進路選択に関するサポート資源

活用尺度項目
友人からのサポート6項目
友人に将来の目標を聞いてもらった
友人に進みたい進路ややりたい仕事について話した
友人に将来に向けて，今何をすべきか相談した
友人に将来への漠然とした不安を聞いてもらった
友人に希望している進路や職業への適性に関する不安を聞いてもらった
友人に将来の方向性に関する不安を聞いてもらった
先輩からのサポート6項目
先輩に将来の目標を聞いてもらった
先輩に進みたい進路ややりたい仕事について話した
先輩に将来に向けて，今何をすべきか相談した
先輩に将来への漠然とした不安を聞いてもらった
先輩に希望している進路や職業への適性に関する不安を聞いてもらった
先輩に将来の方向性に関する不安を聞いてもらった
大学教員からのサポート6項目
大学の先生に将来の目標を聞いてもらった
大学の先生に進みたい進路ややりたい仕事について話した
大学の先生に将来に向けて，今何をすべきか相談した
大学の先生に将来への漠然とした不安を聞いてもらった
大学の先生に希望している進路や職業への適性に関する不安を聞いてもらった
大学の先生に将来の方向性に関する不安を聞いてもらった
母親からのサポート6項目
母親に将来の目標を聞いてもらった
母親に進みたい進路ややりたい仕事について話した
母親に将来に向けて，今何をすべきか相談した
母親に将来への漠然とした不安を聞いてもらった
母親に希望している進路や職業への適性に関する不安を聞いてもらった
母親に将来の方向性に関する不安を聞いてもらった
父親からのサポート6項目
父親に将来の目標を聞いてもらった
父親に進みたい進路ややりたい仕事について話した
父親に将来に向けて，今何をすべきか相談した
父親に将来への漠然とした不安を聞いてもらった
父親に希望している進路や職業への適性に関する不安を聞いてもらった
父親に将来の方向性に関する不安を聞いてもらった
就職課4項目
就職課で将来の目標について相談した
就職課で進みたい進路ややりたい仕事について相談した
就職課で将来に向けて，今何をすべきか相談した
就職課で将来への漠然とした不安を聞いてもらった
就職課で希望している進路や職業への適性に関する不安を聞いてもらった
就職課で将来の方向性に関する不安を聞いてもらった
インターネット4項目
インターネットで興味のある仕事の実際について調べた
インターネットで興味のある仕事に就くにはどうすればいいか調べた
インターネットで興味のある仕事の内容について調べた
インターネットで興味のある仕事に就いている人の体験談を読んだ
書籍4項目
本で興味のある仕事の実際について調べた
本で興味のある仕事に就くにはどうすればいいか調べた
本で興味のある仕事の内容について調べた
本で興味のある仕事に就いている人の体験談を読んだ

認知尺度および活用尺度原版

認知尺度項目

私には将来の目標を聞いてくれる友人がいる
私には進みたい進路や，やりたい仕事について話せる友人がいる
私には将来に向けて，今何をすべきか相談できる友人がいる
私には将来への漠然とした不安を聞いてくれる友人がいる
私には希望している進路や職業への適性に関する不安を聞いてくれる友人がいる
私には将来の方向性に関する不安を聞いてくれる友人がいる

私には将来の目標を聞いてくれる先輩がいる
私には進みたい進路や，やりたい仕事について話せる先輩がいる
私には将来に向けて，今何をすべきか相談できる先輩がいる
私には将来への漠然とした不安を聞いてくれる先輩がいる
私には希望している進路や職業への適性に関する不安を聞いてくれる先輩がいる
私には将来の方向性に関する不安を聞いてくれる先輩がいる

私には将来の目標を聞いてくれる大学の先生がいる
私には進みたい進路や，やりたい仕事について話せる大学の先生がいる
私には将来に向けて，今何をすべきか相談できる大学の先生がいる
私には将来への漠然とした不安を聞いてくれる大学の先生がいる
私には希望している進路や職業への適性に関する不安を聞いてくれる大学の先生がいる
私には将来の方向性に関する不安を聞いてくれる大学の先生がいる

私には将来の目標を聞いてくれる母親がいる
私には進みたい進路や，やりたい仕事について話せる母親がいる
私には将来に向けて，今何をすべきか相談できる母親がいる
私には将来への漠然とした不安を聞いてくれる母親がいる
私には希望している進路や職業への適性に関する不安を聞いてくれる母親がいる
私には将来の方向性に関する不安を聞いてくれる母親がいる

私には将来の目標を聞いてくれる父親がいる
私には進みたい進路や，やりたい仕事について話せる父親がいる
私には将来に向けて，今何をすべきか相談できる父親がいる
私には将来への漠然とした不安を聞いてくれる父親がいる
私には希望している進路や職業への適性に関する不安を聞いてくれる父親がいる
私には将来の方向性に関する不安を聞いてくれる父親がいる

就職課では将来の目標について相談できると知っている
就職課では進みたい進路や，やりたい仕事について相談できると知っている
就職課では将来に向けて，今何をすべきか相談できると知っている
就職課では将来への漠然とした不安について聞いてもらえると知っている
就職課では希望している進路や職業への適性に関する不安を聞いてもらえると知っている
就職課では将来の方向性に関する不安を聞いてもらえると知っている

インターネットで興味のある仕事の実際を調べることができると知っている
インターネットで興味のある仕事に就くにはどうすればいいか調べることができると知っている
インターネットで興味のある仕事の内容について調べることができると知っている
インターネットで興味のある仕事に就いている人の体験談が読めると知っている

本で興味のある仕事の実際を調べることができると知っている
本で興味のある仕事に就くにはどうすればいいか調べることができると知っている
本で興味のある仕事の内容について調べることができると知っている
本で興味のある仕事に就いている人の体験談が読めると知っている

36　第 2 部　実証的研究

第 3 節　研究1-2　進路選択に関するサポート資源認知尺度および活用尺度の信頼性・妥当性の検討

1．目的

　研究1-2では，研究1-1で作成した，進路選択に関するサポート資源認知尺度および活用尺度の原版を用いて，尺度の妥当性と信頼性を検討することを目的とする。

2．方法

調査対象者

　関東圏の国立大学 1 校，公立大学 1 校，私立大学 1 校の大学生186名（男性＝57名，女性＝125名，不明＝ 4 名，平均年齢＝19.56，SD＝1.26）から回答を得た。

調査時期および調査手続き

　2013年12月に，質問紙を大学の講義時間中に配布し，回答を求めた。

調査内容

⑴　デモグラフィック変数

　学年，年齢，性別，専門分野（文系・理系）の記入を求めた。

⑵　進路選択に関するサポート資源活用尺度原版

　研究1-1で作成した，資源ごとにサポートを実際に活用した程度を測定する尺度である。44項目から構成され，「以下の項目は，あなたにどの程度あてはまりますか？　それぞれあてはまる数字を 1 つ選んで○で囲んで下さい。「就職課」にはキャリア支援室，キャリアセンターなど，大学内に設置されたキャリア支援担当の部署を含みます」と教示した上で，「全くあてはまらない⑴」から「とてもあてはまる⑸」の 5 件法で回答を求めた。

(3)　進路選択に関するサポート資源認知尺度原版

　研究1-1で作成した，資源ごとにサポートの活用可能性を認知した程度を
測定する尺度である。44項目からなり，サポート資源活用尺度と同様の内容
を教示した上で，「全くあてはまらない(1)」から「とてもあてはまる(5)」
の5件法で回答を求めた。なお，すべての項目はサポート資源活用尺度の項
目に対応している。

(4)　被援助志向性尺度

　田村・石隈（2001）の被援助志向性尺度を用いた。本尺度は構成概念妥当
性の検討を目的に，併せて実施した。「他者に援助を受けることに関する認
知的枠組み」とされる，被援助志向性を測定する尺度で，「援助の欲求と態
度」7項目と「援助関係に対する抵抗感の低さ」4項目から構成される。
「当てはまらない(1)」から「当てはまる(5)」の5件法で回答を求めた。被
援助志向性は人的資源からのサポートの認知および活用と正の相関がみられ，
サービスやものなどの資源からのサポートの認知および活用と無相関ないし，
負の相関を示すと考えられる。

倫理的配慮

　フェイスシートに調査への協力は自由意思に基づくこと，質問紙の提出後
も回答を撤回することができること，調査に回答しないことによって不利益
を被ることはないことを明記した。なお，本研究は筑波大学人間系研究倫理
委員会の承認を得て，実施された。

3．結果

(1)　進路選択に関するサポート資源活用尺度の因子構造と信頼性の検討

　まず，進路選択に関するサポート資源活用尺度の分析から行った。資源に
ついては，まず資源を「認知」し，その後「活用」する（井隼・中村, 2008）
プロセスが指摘されており，「認知」があった上で「活用」がなされると考

38　第2部　実証的研究

えられる。そのため，実際に表出される行動である「活用」から分析を行い，「認知」は「活用」に対応させることとした。

進路選択に関するサポート資源活用尺度原版44項目に対して，主因子法・プロマックス回転による探索的因子分析を実施した。固有値1以上を因子数の抽出条件として因子分析を行ったところ，9因子が抽出された。2つの因子への因子負荷量が.40以上であった項目，いずれの因子に対しても因子負荷量が.40未満であった項目など，合計5項目を削除した上で，固有値1以上を因子数の抽出条件として，再び主因子法・プロマックス回転による因子分析を実施したところ，8因子が抽出された。

しかしながら，上記の手続きで作成された進路選択に関するサポート資源活用尺度は39項目と項目数が多く，回答者の負担や実用的側面を考慮すると，より簡便な尺度にする必要があると考えられた。そこで各因子から因子負荷量の大きい3項目を選択し，合計24項目からなる尺度を作成することで，進路選択に関するサポート資源活用尺度の簡便化をはかった。抽出因子数を8因子に固定して，主因子法・プロマックス回転による探索的因子分析を実施したところ，想定された因子構造が確認された（Table 3-3）。

第1因子は「父親に将来の目標を聞いてもらったことがある」や「父親に希望している進路や職業への適性に関する不安を聞いてもらったことがある」といった項目が高く負荷しており，「父親からのサポートの活用」因子（以下，父親の活用）と命名した。第2因子は「本で興味のある仕事の実際について調べたことがある」や「本で興味のある仕事の内容について調べたことがある」といった項目が高く負荷しており，「書籍の活用」因子と命名した。第3因子は「大学の先生に将来の目標を聞いてもらったことがある」や「大学の先生に進みたい進路や，やりたい仕事について話したことがある」といった項目が高く負荷しており，「大学教員からのサポートの活用」因子（以下，大学教員の活用）と命名した。第4因子は「先輩に将来に向けて，今何をすべきか相談したことがある」や「先輩に将来の目標を聞いてもらった

Table 3-3　進路選択に関するサポート資源活用尺度の因子分析結果（主因子法・プロマックス回転）

項　　目	F1	F2	F3	F4	F5	F6	F7	F8
F1：父親からのサポートの活用（α＝.90）								
父親に将来の目標を聞いてもらったことがある	.94	− .04	− .01	− .05	.04	.04	.00	− .01
父親に希望している進路や職業への適性に関する不安を聞いてもらったことがある	.91	− .01	.04	.04	− .08	.02	.03	− .02
父親に将来への漠然とした不安を聞いてもらったことがある	.86	.07	− .02	.01	.07	− .07	− .01	.05
F2：書籍の活用（α＝.93）								
本で興味のある仕事の実際について調べたことがある	− .08	.95	.01	− .03	− .01	.03	− .02	.03
本で興味のある仕事の内容について調べたことがある	.00	.90	.03	.04	.01	.07	.02	− .02
本で興味ある仕事に就くにはどうすればいいか調べたことがある	.10	.85	− .03	.02	.03	− .01	.01	− .04
F3：大学教員からのサポートの活用（α＝.92）								
大学の先生に将来の目標を聞いてもらったことがある	.05	− .08	.98	.02	− .04	.10	− .01	− .08
大学の先生に進みたい進路や，やりたい仕事について話したことがある	.00	.00	.90	.03	− .04	− .04	− .04	.01
大学の先生に将来の方向性に関する不安を聞いてもらったことがある	− .05	.11	.78	− .04	.06	− .10	.06	.03
F4：先輩からのサポートの活用（α＝.90）								
先輩に将来に向けて，今何をすべきか相談したことがある	− .02	.02	.01	.90	− .01	.04	− .02	− .08
先輩に将来の目標を聞いてもらったことがある	.05	.00	− .03	.86	.03	− .06	− .02	.01
先輩に将来への漠然とした不安を聞いてもらったことがある	− .03	− .02	.05	.80	.01	.03	.00	.13
F5：母親からのサポートの活用（α＝.91）								
母親に将来の方向性に関する不安を聞いてもらったことがある	− .02	.00	.01	− .02	.96	− .05	− .02	.05
母親に希望している進路や職業への適性に関する不安を聞いてもらったことがある	− .02	− .03	.02	− .01	.90	.07	.07	.01
母親に将来の目標を聞いてもらったことがある	.06	.02	− .02	.08	.78	.01	− .06	− .09
F6：インターネットの活用（α＝.91）								
インターネットで興味のある仕事の内容について調べたことがある	− .01	.05	− .08	− .03	− .03	.89	.04	− .03
インターネットで興味のある仕事に就くにはどうすればいいか調べたことがある	− .02	.02	.06	− .09	.04	.88	− .05	.01
インターネットで興味のある仕事の実際について調べたことがある	.04	.01	.00	.04	.01	.80	− .01	.06
F7：就職課の活用（α＝.89）								
就職課で将来の目標について相談したことがある	− .04	− .03	.02	.03	− .01	.06	.93	− .04
就職課で将来に向けて，今何をすべきか相談したことがある	− .04	.02	− .02	.07	.02	− .08	.83	− .01
就職課で将来への漠然とした不安を聞いてもらったことがある	.09	.01	− .01	− .10	.01	.01	.82	.06
F8：友人からのサポートの活用（α＝.93）								
友人に将来への漠然とした不安を聞いてもらったことがある	.04	− .01	.05	− .01	− .07	.02	− .02	.92
友人に将来の方向性に関する不安を聞いてもらったことがある	.00	.06	− .05	.07	.03	− .01	− .01	.89
友人に希望している進路や職業への適性に関する不安を聞いてもらったことがある	− .02	− .07	− .01	− .01	.03	.03	.04	.87

因子抽出法：主因子法

因子間相関	F1	F2	F3	F4	F5	F6	F7	F8
F2	.20							
F3	.20	.26						
F4	.25	.12	.27					
F5	.51	.28	.27	.27				
F6	.11	.61	.20	.18	.29			
F7	.13	.06	.38	.04	.03	− .03		
F8	.39	.34	.29	.55	.52	.36	.08	

ことがある」といった項目が高く負荷しており，「先輩からのサポートの活用」因子（以下，先輩の活用）と命名した。第5因子は「母親に将来の方向性に関する不安を聞いてもらったことがある」や「母親に希望している進路や職業への適性に関する不安を聞いてもらったことがある」といった項目が高く負荷しており，「母親からのサポートの活用」因子（以下，母親の活用）と命名した。第6因子は「インターネットで興味のある仕事の内容について調べたことがある」や「インターネットで興味のある仕事に就くにはどうすればいいか調べたことがある」といった項目が高く負荷しており，「インターネットの活用」因子と命名した。第7因子は「就職課で将来の目標について相談したことがある」や「就職課で将来に向けて，今何をすべきか相談したことがある」といった項目が高く寄与していたため，「就職課の活用」因子と命名した。第8因子は「友人に将来への漠然とした目標を聞いてもらったことがある」や「友人に将来の方向性に関する不安を聞いてもらったことがある」といった項目が高く負荷しており，「友人からのサポートの活用」因子（以下，友人の活用）と命名した。8因子の因子間相関は$r = .03-.61$であった。

　次に進路選択に関するサポート資源活用尺度の信頼性を検討するため，Cronbach の α 係数を下位尺度ごとに算出した（Table 3-3）。その結果，$\alpha = .89-.93$と高い値が得られ，簡便化した進路選択に関するサポート資源活用尺度は高い信頼性を備えた尺度であることが示された。

⑵　進路選択に関するサポート資源認知尺度の因子構造と信頼性の検討

　進路選択に関するサポート資源認知尺度については，進路選択に関するサポート資源活用尺度に対応するように下位尺度を構成した。下位尺度名は，それぞれ「父親からのサポートの認知」（以下，父親の認知），「書籍のサポート資源としての認知」（以下，書籍の認知），「大学教員からのサポートの認知」（以下，大学教員の認知），「先輩からのサポートの認知」（以下，先輩の認知），

「母親からのサポートの認知」（以下，母親の認知），「インターネットのサポート資源としての認知」（以下，インターネットの認知），「就職課のサポート資源としての認知」（以下，就職課の認知），「友人からのサポートの認知」（以下，友人の認知）とした。下位尺度および下位尺度に含まれる項目を Table 3-4 に示す。

　進路選択に関するサポート資源認知尺度は，進路選択に関するサポート資源活用尺度の下位尺度に対応させて，下位尺度を構成したため，データとの適合性を検討する必要性があると考えられた。そこで，確認的因子分析を実施したところ，モデル適合度は GFI = .85，AGFI = .81，CFI = .97，RMSEA = .07であった。値が十分でない適合度指標もあるが，モデルの妥当性を著しく損なうものではなく，許容できる範囲内であると考えられた。

　次に進路選択に関するサポート資源認知尺度の信頼性を検討するため，Cronbach の a 係数を下位尺度ごとに算出した。その結果，a = .91 ~ .99と高い値が得られた（Table 3-4）。以上の結果から，進路選択に関するサポート資源認知尺度は高い信頼性を備えた尺度であることが示された。

(3)　**進路選択に関するサポート資源認知尺度および活用尺度の妥当性の検討**

　妥当性の検討を行うために，被援助志向性尺度の「援助の欲求と態度」，「援助関係に対する抵抗感の低さ」と進路選択に関するサポート資源認知尺度およびサポート資源活用尺度の各下位尺度の相関係数を求めた（Table 3-5, Table 3-6）。なお，下位尺度得点には下位尺度に含まれる項目の得点の加算平均を用いた。

　進路選択に関するサポート資源活用尺度では，被援助志向性尺度の「援助の欲求と態度」および「援助関係に対する抵抗感の低さ」と「友人の活用」，「先輩の活用」，「父親の活用」，「母親の活用」の間に有意な弱い正の相関が，「就職課の活用」との間に有意な弱い負の相関が示された。さらに「援助の欲求と態度」に関しては，「インターネットの活用」との間に有意な弱い正

42　第2部　実証的研究

Table 3-4　進路選択に関するサポート資源認知尺度の項目と下位尺度

項目	標準化推定値
F1：父親からのサポートの認知（α＝.98）	
私には将来の目標を聞いてくれる父親がいる	.98
私には希望している進路や職業への適性に関する不安を聞いてくれる父親がいる	.96
私には将来への漠然とした不安を聞いてくれる父親がいる	.96
F2：書籍のサポート資源としての認知（α＝.94）	
本で興味のある仕事の実際を調べることができると知っている	.90
本で興味のある仕事の内容について調べることができると知っている	.93
本で興味のある仕事に就くにはどうすればいいか調べることができると知っている	.92
F3：大学教員からのサポートの認知（α＝.99）	
私には将来の目標を聞いてくれる大学の先生がいる	1.00
私には進みたい進路や，やりたい仕事について話せる大学の先生がいる	.98
私には将来の方向性に関する不安を聞いてくれる大学の先生がいる	.98
F4：先輩からのサポートの認知（α＝.96）	
私には将来に向けて，今何をすべきか相談できる先輩がいる	.92
私には将来の目標を聞いてくれる先輩がいる	.97
先輩に将来への漠然とした不安を聞いてもらったことがある	.95
F5：母親からのサポートの認知（α＝.98）	
私には将来の方向性に関する不安を聞いてくれる母親がいる	.97
私には希望している進路や職業への適性に関する不安を聞いてくれる母親がいる	.97
私には将来の目標を聞いてくれる母親がいる	.95
F6：インターネットのサポート資源としての認知（α＝.91）	
インターネットで興味のある仕事の内容について調べることができると知っている	.87
インターネットで興味のある仕事に就くにはどうすればいいか調べることができると知っている	.88
インターネットで興味のある仕事の実際を調べることができると知っている	.87
F7：就職課のサポート資源としての認知（α＝.94）	
就職課では将来の目標について相談できると知っている	.88
就職課では将来に向けて，今何をすべきか相談できると知っている	.92
就職課では将来への漠然とした不安について聞いてもらえると知っている	.95
F8：友人からのサポートの認知（α＝.97）	
私には将来への漠然とした不安を聞いてくれる友人がいる	.96
私には将来の方向性に関する不安を聞いてくれる友人がいる	.93
私には希望している進路や職業への適性に関する不安を聞いてくれる友人がいる	.98

の相関がみられた。

　進路選択に関するサポート資源認知尺度では，被援助志向性尺度の「援助
の欲求と態度」および「援助関係に対する抵抗感の低さ」と「友人の認知」，
「先輩の認知」，「父親の認知」，「母親の認知」の間に有意な弱い，または中

第3章　進路選択に関するサポート資源認知尺度および活用尺度の作成　43

Table 3-5　進路選択に関するサポート資源の活用と被援助志向性の相関係数

	友人の活用	先輩の活用	父親の活用	母親の活用	大学教員の活用	就職課の活用	インターネットの活用	書籍の活用
援助の欲求と態度	.36**	.34**	.23**	.35**	.11	− .16*	.21**	.13
援助関係に対する抵抗感の低さ	.16*	.27**	.18*	.20**	.01	− .19**	.03	.02

*$p < .05$, **$p < .01$

Table 3-6　進路選択に関するサポート資源の認知と被援助志向性の相関係数

	友人の認知	先輩の認知	父親の認知	母親の認知	大学教員の認知	就職課の認知	インターネットの認知	書籍の認知
援助の欲求と態度	.45**	.36**	.27**	.43**	.14	.12	.35**	.22**
援助関係に対する抵抗感の低さ	.27**	.27**	.22**	.29**	.07	− .01	.12	.09

**$p < .01$

程度の正の相関が示された。さらに「援助の欲求と態度」に関しては，「インターネットの認知」と「書籍の認知」との間に有意な弱い正の相関がみられた。

⑷　尺度の基本統計量と学年差・性差の検討

　進路選択に関するサポート資源認知尺度および活用尺度の学年差と性差を検討するために，尺度の各下位尺度を従属変数とし，学年（学部1，2年生・学部3，4年生）×性（男性・女性）を独立変数とした2要因分散分析を行った。学年差に関しては，3年生と4年生のサンプル数が少なかったため，便宜的に下級生である大学1，2年生と上級生である大学3，4年生の2群に分けて検討した。結果を Table 3-7，Table 3-8 に示す。

　進路選択に関するサポート資源活用尺度に関しては，有意な交互作用はみられず，「友人の活用」（$F (1, 182) = 5.69$, $p < .05$）と「インターネットの活用」（$F (1, 182) = 18.40$, $p < .01$）において学年の主効果が，「母親の活用」（$F (1, 182) = 8.28$, $p < .01$）において性別の主効果がみられた。「友人の活用」と「インターネットの活用」は有意に3，4年生の方が1，2年生よりも高く，

44　第2部　実証的研究

Table 3-7　学年×性別ごとの進路選択に関するサポート資源活用尺度の平均値と2要因分散分析の結果

	全体	1・2年生 男性	1・2年生 女性	3・4年生 男性	3・4年生 女性	学年の主効果		性別の主効果		交互作用	
	$N=186$	$N=47$	$N=97$	$N=10$	$N=28$						
友人からのサポートの活用	3.47	3.01	3.55	3.73	3.93	5.69*		2.56	n.s.	0.56	n.s.
	(1.16)	(1.04)	(1.23)	(1.05)	(0.84)	3・4年生>1・2年生					
先輩からのサポートの活用	3.09	3.04	2.99	3.13	3.61	2.13	n.s.	0.78	n.s.	1.12	n.s.
	(1.21)	(1.12)	(1.23)	(1.43)	(1.09)						
父親からのサポートの活用	2.88	2.99	2.88	2.27	2.94	1.64	n.s.	1.16	n.s.	2.25	n.s.
	(1.29)	(1.15)	(1.31)	(1.12)	(1.41)						
母親からのサポートの活用	3.46	3.11	3.68	2.80	3.61	0.65	n.s.	8.28**		0.26	n.s.
	(1.19)	(1.02)	(1.16)	(1.51)	(1.29)			女性>男性			
大学教員からのサポートの活用	2.06	1.91	2.12	2.27	2.12	0.58	n.s.	0.01	n.s.	0.56	n.s.
	(1.13)	(0.99)	(1.07)	(1.49)	(1.44)						
就職課の活用	1.36	1.41	1.37	1.30	1.25	0.81	n.s.	0.12	n.s.	0.00	n.s.
	(0.63)	(0.70)	(0.61)	(0.43)	(0.63)						
インターネットの活用	3.99	3.43	4.05	4.60	4.58	18.40**		2.35	n.s.	2.61	n.s.
	(1.06)	(1.04)	(1.06)	(0.49)	(0.55)	3・4年生>1・2年生					
書籍の活用	3.37	3.03	3.46	3.50	3.64	1.68	n.s.	1.27	n.s.	0.32	n.s.
	(1.26)	(1.09)	(1.26)	(1.47)	(1.33)						

*$p<.05$, **$p<.01$　（　）内は標準偏差

Table 3-8　学年×性別ごとの進路選択に関するサポート資源認知尺度の平均値と2要因分散分析の結果

	全体	1・2年生 男性	1・2年生 女性	3・4年生 男性	3・4年生 女性	学年の主効果		性別の主効果		交互作用	
	$N=186$	$N=47$	$N=97$	$N=10$	$N=28$						
友人からのサポートの認知	4.04	3.71	4.09	4.03	4.51	3.89*		5.15*		0.07	n.s.
	(0.97)	(0.89)	(1.00)	(0.71)	(0.75)	3・4年生>1・2年生		女性>男性			
先輩からのサポートの認知	3.41	3.55	3.31	3.13	3.77	0.01	n.s.	0.60	n.s.	2.96	n.s.
	(1.28)	(1.05)	(1.31)	(1.54)	(1.28)						
父親からのサポートの認知	3.56	3.67	3.60	2.50	3.73	3.97*		4.93*		6.11*	
	(1.30)	(1.15)	(1.29)	(1.41)	(1.38)	1・2年生>3・4年生		女性>男性		男性:1・2年生>3・4年生	
母親からのサポートの認知	3.97	3.70	4.18	3.23	4.08	1.56	n.s.	8.56**		0.66	n.s.
	(1.15)	(1.02)	(1.05)	(1.41)	(1.33)			女性>男性			
大学教員からのサポートの認知	2.49	2.35	2.52	2.53	2.62	0.27	n.s.	0.64	n.s.	0.02	n.s.
	(1.30)	(1.26)	(1.22)	(1.44)	(1.61)						
就職課のサポート資源としての認知	2.84	2.53	3.03	2.37	2..79	0.63	n.s.	3.14	n. s.	0.03	n.s.
	(1.29)	(1.06)	(1.30)	(1.42)	(1.44)						
インターネットのサポート資源としての認知	4.14	3.57	4.30	4.33	4.57	10.92**		9.38**		2.38	n.s.
	(0.86)	(0.95)	(0.72)	(0.77)	(0.54)	3・4年生>1・2年生		女性>男性			
書籍のサポート資源としての認知	3.98	3.50	4.12	4.10	4.31	4.49*		4.96*		1.21	n.s.
	(0.96)	(0.95)	(0.87)	(0.86)	(0.98)	3・4年生>1・2年生		女性>男性			

*$p<.05$, **$p<.01$　（　）内は標準偏差

「母親の活用」は有意に女性の方が男性よりも高かった。

　進路選択に関するサポート資源認知尺度に関しては，「父親の認知」（F (1,182)＝6.11, p＜.05）において有意な交互作用がみられた。有意な交互作用が認められたため，単純主効果の検定を行ったところ，男性において１，２年生の方が３，４年生よりも有意に得点が高かった。また，「友人の認知」（F (1,182)＝3.89, p＜.05）と「インターネットの認知」（F (1,182)＝10.92, p＜.01），「書籍の認知」（F (1,182)＝4.49, p＜.05）において学年の主効果が，「友人の認知」（F (1,182)＝5.15, p＜.05），「母親の認知」（F (1,182)＝8.56, p＜.01）と「インターネットの認知」（F (1,182)＝9.38, p＜.01），「書籍の認知」（F (1,182)＝4.96, p＜.05）において性別の主効果がみられた。「友人の認知」，「インターネットの認知」，「書籍の認知」は有意に３，４年生の方が１，２年生よりも高く，「友人の認知」，「母親の認知」，「インターネットの認知」，「書籍の認知」は有意に女性の方が男性よりも高かった。

４．考察

　研究1-2では，進路選択に関するサポート資源認知尺度および活用尺度の妥当性と信頼性の検討を行った。

⑴　進路選択に関するサポート資源活用尺度の作成
　進路選択に関するサポート資源活用尺度原版の探索的因子分析の結果，進路選択に関するサポート資源活用尺度は８つの下位尺度から構成された。

　また，当初作成されたサポート資源活用尺度は41項目と項目数が多かったため，各下位尺度から因子負荷量の高い項目を選び，尺度の簡便化をはかった。探索的因子分析の結果，当初と同じ因子構造で24項目から構成される尺度となり，より使い勝手の良い尺度が作成されたといえる。

　信頼性については，各下位尺度のα係数の値は.89-.93となり，高い内的一貫性が認められた。妥当性の検討は，被援助志向性尺度の「援助の欲求と

態度」と「援助関係に対する抵抗感の低さ」との間の相関係数を算出することによって行った。その結果，被援助志向性の2つの下位尺度と「友人の活用」，「先輩の活用」，「父親の活用」，「母親の活用」は有意な弱い正の相関がみられ，「就職課の活用」は有意な弱い負の相関がみられた。また，被援助志向性のうち「援助の欲求と態度」は「インターネットの活用」と有意な正の相関を示した。「大学教員の活用」と「書籍の活用」は無相関であった。すなわち，「友人の活用」，「先輩の活用」，「父親の活用」，「母親の活用」，「就職課の活用」，「書籍の活用」については仮説通りの関係性を示したが，「大学教員の活用」，「インターネットの活用」については仮説と異なる結果が示された。まず，「大学教員の活用」については仮説と異なり，被援助志向性と正の相関がみられなかった。大学教員はサポートを得ることができる外的資源であると同時に，講義や演習の評価者でもあるため，友人や先輩，家族とは異なり，より複雑な関係性であると推察される。そのため，単純に援助を受けることへの肯定的態度や抵抗感よりも，評価懸念のような対象との関係性を示唆する概念と強く関連している可能性がある。また，「インターネットの活用」は「援助の欲求と態度」と無相関であると考えられたが，仮説とは異なり，正の相関が示された。「援助の欲求と態度」は他者からのサポートを受けることへの肯定的態度を表すものであるが，より広く外的資源からサポートを得ることへの肯定的態度を含んでいた可能性がある。そのため，インターネットを活用して情報を得ることと正の相関があったと考えられる。以上から，進路選択に関するサポート資源活用尺度は一定の妥当性と高い信頼性が確認された尺度であるといえる。

(2)　進路選択に関するサポート資源認知尺度の作成
　進路選択に関するサポート資源認知尺度は進路選択に関するサポート資源活用尺度に対応するように，それぞれの下位尺度を構成した。進路選択に関するサポート資源認知尺度とデータとの適合性を検討するため，確認的因子

分析を実施したところ，若干十分な値を示さない適合度指標もあったが，許容範囲内であると考えられた。

　信頼性については，各下位尺度の α 係数の値は $\alpha = .91-.99$ となり，非常に高い内的一貫性が確認された。妥当性の検討は，被援助志向性尺度の「援助の欲求と態度」と「援助関係に対する抵抗感の低さ」との間の相関係数を算出することによって行った。その結果，被援助志向性の2つの下位尺度と「友人の認知」，「先輩の認知」，「父親の認知」，「母親の認知」は有意な弱い，または中程度の正の相関がみられた。また，被援助志向性のうち「援助の欲求と態度」は「インターネットの認知」と「書籍の認知」と有意な正の相関を示した。「大学教員の認知」と「就職課の認知」は無相関であった。すなわち，「友人の認知」，「先輩の認知」，「父親の認知」，「母親の認知」，「就職課の認知」については仮説通りの関係性を示したが，「大学教員の認知」，「インターネットの認知」，「書籍の認知」については仮説と異なる結果が示された。まず，「大学教員の認知」と「インターネットの認知」については，「大学教員の活用」および「インターネットの活用」と被援助志向性のそれぞれの関係性と同様であると考えることができる。また，先述したように「援助の欲求と態度」は，より広く外的資源からサポートを得ることへの肯定的態度を含んでいた可能性があるため，書籍から得られるサポートの利用可能性を認知することと正の関連があったと推察される。しかしながら，援助を受けることへの肯定的な態度は書籍を活用することとは無相関であった。実際に書籍を活用する段階では，書籍から情報を得ることだけを目的とするのではなく，単なる興味や関心によって，書籍を手に取っている可能性が示唆される。しかしながら，書籍をサポート資源として検討した研究は皆無であるため，今後の検討が必要であろう。以上から，特に「書籍の認知」において妥当性に検討点が残されたが，進路選択に関するサポート資源認知尺度は一定の妥当性と高い信頼性が確認された尺度であるといえる。

48　第2部　実証的研究

(3)　進路選択に関するサポート資源認知尺度および活用尺度の学年差・性差

　進路選択に関するサポート資源の認知と活用の学年差および性差を検討するために2要因分散分析を行った結果，「父親の認知」において交互作用がみられた。単純主効果の検定を行った結果，男性は1，2年生の方が大学3，4年生よりも有意に高く，父親からのサポートの利用可能性を認知していることが明らかになった。学年が上がるほど進路選択に関する悩みが増えるため，外的資源の利用可能性についてより認知すると考えられるが，想定とは反対の結果となった。これについては，たしかに3・4年生になると進路選択に関する悩みに直面することでサポートを希求するようになるが，同時に将来の自身の進路について思いを巡らし，経済的・心理的に依存していた両親からの独立を図るようになると考えられる。特に女性よりも男性の方が他者への依存への欲求は低いことが示されており（竹澤・小玉，2004），男性においてこの傾向は顕著であると推察される。これらから進路選択の時期が迫ることによって男性は，これまで職業を通して家庭を支えてきた父親からの独立を図り，そのサポートの利用可能性を低く見積もるようになると考えられる。

　学年差に関しては，大学3，4年生の方が大学1，2年生よりも「友人の活用」，「インターネットの活用」，「友人の認知」，「インターネットの認知」，「書籍の認知」が高かった。先述したように学年が上がるほど進路選択に関する悩みが増えるため，外的資源の利用可能性を高く認知し，活用すると推察される。

　性差に関しては，女性の方が男性よりも「母親の活用」，「友人の認知」，「母親の認知」，「インターネットの認知」，「書籍の認知」が高かった。ソーシャルサポートに関する研究や専門機関への援助要請に関する研究では，男性よりも女性の方がソーシャルサポートを多く知覚し（たとえば，福岡・橋本，1997），援助要請行動を行うことが明らかにされている（たとえば，水野・石隈，1999）。インターネットと書籍の利用における性差に関する先行研究が存在

しないため，それらに関してはさらなる検討が必要であるが，その他に関しては，おおむね先行研究に一致した結果であるといえる。

第4節　研究1のまとめ

　研究1では進路選択に関するサポート資源認知尺度および活用尺度を作成し，その信頼性と妥当性を検討することを目的とした。研究1-1では自由記述式質問紙による質的調査を行い，進路選択に臨む学生の実態に即した尺度項目を作成した。研究1-2では研究1-1で作成した項目から構成された進路選択に関するサポート資源認知尺度および活用尺度の原版を用いて，因子構造の確認や信頼性と妥当性の検討を実施した。両尺度の一部の下位尺度において，被援助志向性と想定された理論的関係性がみられず，特に進路選択に関するサポート資源認知尺度の「書籍の認知」において解釈の難しい相関関係がみられた。しかし，全体としては，一定の妥当性と高い信頼性が確認された。以上から進路選択に関するサポート資源の認知と活用の両側面を測定できる有用なツールを開発できたといえる。

第4章　就職活動中のサポート資源認知尺度および
活用尺度の作成（研究2）

第1節　研究2の目的

　研究2では就職活動中のサポート資源認知尺度および活用尺度を作成し，その信頼性と妥当性を検討することを目的とする。研究2-1では自由記述式質問紙と半構造化面接による質的調査を行い，就職活動中の学生の実態に即した尺度項目を作成する。研究2-2では研究2-1で収集した項目から構成された就職活動中のサポート資源認知尺度および活用尺度の原版を用いて，因子構造を確認し，信頼性と妥当性を検討する。

第2節　研究2-1　就職活動中のサポート資源認知尺度および
活用尺度原版の作成

1．目的

　研究2-1では，就職活動中のサポート資源認知尺度および活用尺度の原版を作成することを目的とする。

2．方法

⑴　自由記述式質問紙

調査対象者

　調査対象者は関東圏の国立大学3校，私立大学4校の，企業に対する就職活動を経験した大学4年生27名および大学院修士課程2年生5名の合計32名

52　第2部　実証的研究

（男性：11名・女性：21名，平均年齢＝21.94, *SD*＝1.07）であった。

調査時期および調査手続き

　2011年6月下旬～7月に，質問紙を大学の講義時間やサークル・学生団体などの課外活動中に配布し，回答を求めた。

調査内容

　⑴　デモグラフィック変数

　学年，年齢，性別，専門分野（文系・理系）の記入を求めた。

　⑵　就職活動中に活用したサポート資源およびサポート内容

　「あなたは就職活動中にどのような人・ものから実際にサポートを受けましたか。その人・ものについて，差し支えのない範囲で詳細にご記入ください。」「答えていただいた人・ものからは実際にどのようなサポートを受けましたか。実際にどのようなサポートを受けたか，差し支えのない範囲で詳細にご記入ください。」と教示し，空欄に自由に回答を求めた。

　なお，質問紙には他にも質問項目が含まれていたが，本研究の分析には用いられなかった。

倫理的配慮

　フェイスシートに調査への協力は自由意思に基づくこと，質問紙の提出後も回答を撤回することができること，調査に回答しないことによって不利益を被ることはないことを明記した。なお，本研究は筑波大学人間総合科学研究科研究倫理委員会の承認を得て，実施された。

　⑵　半構造化面接

調査対象者

　調査対象者は関東圏の国立大学1校の，企業に対する就職活動を経験した大学4年生11名および大学院修士課程1年生1名，2年生1名，就職活動をしていた大学卒業後1年目のフリーター1名の合計14名（男性：6名・女性：8名，平均年齢＝21.69, *SD*＝0.58）であった。なお，調査対象者は自由記述式

質問紙の調査対象者と重複していない。

調査時期および調査手続き

2011年6月下旬〜7月に，面接調査への協力の依頼書を大学の講義時間やサークル・学生団体などの課外活動中に配布して面接協力者を募集し，半構造化面接を実施した。面接時間は約30分であった。

調査内容

面接のはじめに学年，年齢，性別，専門分野について回答を求めた。面接では，就職活動をしていた時期のことが想起しやすいように，時系列に沿って「自己分析や企業研究など始める時期」，「エントリーシートを提出したり，会社に赴いて説明会に参加する時期」，「筆記試験や面接試験を受ける時期」の3つに就職活動を分け，それぞれの時期に関して「不安な気持ちになったときやわからないことがあったときにどなたか人にご相談しましたか」，「不安な気持ちになったときやわからないことがあったときに何かものやサービスをご利用になりましたか」と尋ねた。面接調査協力者が人に相談したり，ものやサービスを利用したことがあると回答した場合は，その内容について回答を求めた。

倫理的配慮

面接の開始前に，調査への協力は自由意思に基づくこと，調査への協力後も調査への協力を撤回することができること，答えたくない質問には回答しなくても良いこと，質問に回答しないことによって不利益を被ることはないことを説明した。なお，本研究は筑波大学人間総合科学研究科研究倫理委員会の承認を得て，実施された。

3．結果と考察

(1)　就職活動中に活用したサポート資源およびサポート内容の分類

就職活動中のサポート資源の活用に関して，自由記述式質問紙と半構造化面接から573の記述を得た。得られた記述に対して，KJ法を援用して心理学

54　第2部　実証的研究

を専攻する大学院生5名で記述の分類を行った。

　記述の分類結果を Table 4-1 に示す。分類の結果14カテゴリーと47サポート源，74サポート内容が得られた。サポート内容の「情緒的サポート」には，不安な気持ちを聞いてくれたり，気分転換を一緒にしてくれるなどの感情面に関するサポートの記述が分類され，「道具的サポート」には，就職活動の様子を教えてもらったり，模擬面接をしてくれるなどの就職活動の実際面に関するサポートの記述が分類された。なお，「内容不明」には，「相談した」のような具体的なサポートの内容がわからない記述が分類された。分類の結果，進路選択におけるサポート内容はサポート源によって大きな違いがみられなかったが，就職活動中のサポート内容はサポート源によって異なることが示された。

　次に，それぞれのサポートを活用している人数を調査対象者全体の人数で除し，それぞれのサポートがどの程度の割合で活用されているかパーセンテージを算出した（以下，このパーセンテージを活用率と表記する）。活用率が20％を超えたサポート内容は「就職サイトからの道具的サポート（24人：52.17％）」，「就職活動をしていた先輩からの道具的サポート（17人：36.96％）」，「就職課からの道具的サポート（15人：32.61％）」，「友人からの道具的サポート（15人：32.61％）」，「就職活動をしている友人からの道具的サポート（13人：28.26％）」，「就活本からの道具的サポート（13人：28.26％）」，「友人からの情緒的サポート（12人：26.09％）」であった。サポート内容では道具的サポートが，サポート資源はインフォーマルなサポート資源および自助資源がより活用されていた。インフォーマルなサポート資源や自助資源が活用されやすいという結果は，佐藤（2008）や木村・水野（2004）と一致した結果である。

⑵　就職活動中のサポート資源認知尺度および活用尺度原版の作成

　続いて，記述の分類と活用率を参考に，就職活動中のサポート資源認知尺

第 4 章　就職活動中のサポート資源認知尺度および活用尺度の作成　　55

度および活用尺度の原版を作成した。原版作成の際には活用率の高かった，8 サポート源11サポート内容である，「就職活動をしている友人の情緒的サポート」，「就職活動をしている友人の道具的サポート」，「就職活動をしていない友人の情緒的サポート」，「就職活動をしていた先輩の道具的サポート」，「父親の道具的サポート」，「父親の情緒的サポート」，「母親の道具的サポート」，「母親の情緒的サポート」，「就職課の道具的サポート」，「就職サイトの道具的サポート」，「就活本の道具的サポート」を下位尺度として想定し，それぞれの下位尺度ごとに項目を 3 項目以上作成した（Table 4-2）。尺度項目の表現の妥当性に関しては，心理学の教員 1 名と心理学を専攻する大学院生2 名で検討を行った。

　なお，「就職活動をしている友人の情緒的サポート」および「就職活動をしていない友人の情緒的サポート」の活用率は，それぞれ13.04％，6.52％と，あまり高くなかった。しかしながら，「友人からの情緒的サポート」は活用率が26.09％と高く，この「友人」の中に「就職活動をしている友人」と「就職活動をしていない友人」が含まれていた可能性がある。そこで，この 2 つを含めて尺度作成を行った。

　以上から，就職活動中のサポート資源認知尺度および活用尺度の原版が作成された。研究2-2では，これらの尺度の信頼性と妥当性を検討する。

56　第2部　実証的研究

Table 4-1　記述の分類結果と

カテゴリー	サポート源	サポート内容	活用人数
友人	友人	情緒的サポート	12
		道具的サポート	15
		内容不明	4
	就職活動をしている友人	情緒的サポート	6
		道具的サポート	13
	就職活動で知り合った友人	情緒的サポート	2
		道具的サポート	3
	就活をしていない友人	情緒的サポート	3
	就活をしていた友人	道具的サポート	1
	就職浪人している友人	道具的サポート	1
	就職している友人	道具的サポート	1
恋人	恋人	情緒的サポート	2
		道具的サポート	1
先輩	先輩	情緒的サポート	2
		道具的サポート	6
		内容不明	2
	就職活動をしていた先輩	情緒的サポート	1
		道具的サポート	17
	就職浪人をしていた先輩	道具的サポート	1
家族	家族	情緒的サポート	4
		道具的サポート	5
		内容不明	1
	親	情緒的サポート	5
		道具的サポート	8
		内容不明	2
	父親	情緒的サポート	2
		道具的サポート	6
	母親	情緒的サポート	4
		道具的サポート	9
	兄弟	情緒的サポート	2
		道具的サポート	5
		内容不明	1
	親戚	道具的サポート	1
	ペット	情緒的サポート	1
バイト先の人	バイト先の人	情緒的サポート	2
		道具的サポート	1
		内容不明	1

活用率

活用率	項目例
26.09%	友人に不安な気持ちを聞いてもらった
32.61%	友人と情報交換した
8.70%	友人にアドバイスしてもらった
13.04%	就職活動をしている友人と頑張ろうねと言いあった
28.26%	就職活動をしている友達と説明会の情報共有をした
4.35%	就活中に知り合った友人と励まし合った
6.52%	説明会で知り合った人と今の進み具合について話した
6.52%	就活をしていない友達に愚痴を聞いてもらった
2.17%	就職活動をしていた友人からマナーで気をつけることを聞いた
2.17%	就職浪人している友人に就活の説明会の様子を聞いた
2.17%	就職している同期に仕事の様子を聞いた
4.35%	恋人に愚痴を聞いてもらった
2.17%	恋人に ES をみてもらった
4.35%	先輩に話を聞いてもらった
13.04%	先輩から就職活動に関する情報を得た
4.35%	先輩に相談した
2.17%	内定を多数貰っていた先輩に愚痴を聞いてもらった
36.96%	就職活動をしていた先輩に業界分析の仕方について聞いた
2.17%	就職浪人していた先輩にどういう風に就職浪人を決意したか聞いた
8.70%	家族に話を聞いてもらった
10.87%	家族から自己分析の際に意見をもらった
2.17%	家族に助言してもらった
10.87%	親に不安な気持ちを聞いてもらった
17.39%	親に面接のアドバイスをもらった
4.35%	親に相談した
4.35%	父に自分を理解してもらった
13.04%	父親に働くというのはどういうこと聞いた
8.70%	母に自分を理解してもらった
19.57%	母親に企業の評判を聞いた
4.35%	兄弟に精神的フォローをしてもらった
10.87%	姉に自己分析の仕方を教えてもらった
2.17%	兄弟に相談した
2.17%	親戚から地元企業の情報を教えてもらった
2.17%	ペットからぬくもりをもらった
4.35%	バイトの同僚に第一希望の企業に落ちたときに励ましてもらった
2.17%	バイト先で同じ業界に内定をもらっている人がどの時期に何をしていたのか聞いた
2.17%	バイト先の人に相談した

58　第 2 部　実証的研究

Table 4-1　記述の分類結果と

カテゴリー	サポート源	サポート内容	活用人数
先生	先生	情緒的サポート	1
		内容不明	1
	大学の先生	情緒的サポート	1
		道具的サポート	2
		内容不明	2
就職課	就職課	情緒的サポート	2
		道具的サポート	15
		内容不明	2
社会人	OB・OG	道具的サポート	8
		内容不明	1
	個人的な知り合い	道具的サポート	4
企業関連	企業	道具的サポート	2
	人事	道具的サポート	3
		内容不明	1
	リクルーター	道具的サポート	3
		内容不明	1
	その他社員	道具的サポート	2
説明会・セミナー	合同説明会	道具的サポート	3
	セミナー	道具的サポート	3
書籍	就活本	道具的サポート	13
	企業のパンフレット	道具的サポート	3
	就活ノート	道具的サポート	1
	雑誌	道具的サポート	2
	新聞	道具的サポート	2
	乗り換え表	道具的サポート	1
	日程表	道具的サポート	1
	マンガ	情緒的サポート	1
インターネット	インターネット	道具的サポート	8
	就職サイト	情緒的サポート	2
		道具的サポート	24
	掲示板	道具的サポート	1
	企業のホームページ	道具的サポート	4
	スーツ店のホームページ	道具的サポート	1
	twitter	道具的サポート	1
	スマートフォン	道具的サポート	2
テレビ	ニュース	道具的サポート	2
ゲーム	ゲーム	情緒的サポート	1

第4章　就職活動中のサポート資源認知尺度および活用尺度の作成　59

活用率（続き）

活用率	項目例
2.17%	先生が親身に相談にのってくれた
2.17%	恩師に最後の後押しをしてもらった
2.17%	教授に愚痴を聞いてもらった
4.35%	研究室の先生にエントリーシートをチェックしてもらった
4.35%	学校の先生に相談にのってもらった
4.35%	CDP で応援してもらった
32.61%	就職課で ES の添削をしてもらった
4.35%	キャリアセンターでいろいろな相談をした
17.39%	OB 訪問でどういった意識を持った人がいるか聞いた
2.17%	OB・OG に相談した
8.70%	父の学生時代の同期の人に ES のアドバイスをもらった
4.35%	企業に資料を請求した
6.52%	人事の人が面接での受け答えに関するアドバイスをくれた
2.17%	企業の人事部の人に相談にのってもらった
6.52%	リクルーターに先輩がなにをやっているのか聞いた
2.17%	リクルーターにアドバイスしてもらった
4.35%	会社見学で現場の人にきれいなことだけじゃなくしんどいことを聞いた
6.52%	合同説明会で会社を知った
6.52%	学生団体の企画で就活をは何かを聞いた
28.26%	就活本で面接対策をした
6.52%	会社のパンフレットで企業分析をした
2.17%	就活ノートを見返して面接で話したことを思い出した
4.35%	雑誌で業界のニーズを調べた
4.35%	新聞で時事問題対策をした
2.17%	乗り換え表を使った
2.17%	日程表を作った
2.17%	マンガを読んで気分転換をした
17.39%	インターネットで面接で何を質問されるか調べた
4.35%	就職サイトを利用することで精神的な励みになった
52.17%	就職サイトで企業の情報を集めた
2.17%	インターネットの掲示板の書き込みを企業をみるときの参考にした
8.70%	企業独自のサイトで企業の情報を得た
2.17%	量販店のサイトでスーツの手入れの仕方を調べた
2.17%	twitter で就職支援の団体に質問した
4.35%	スマートフォンで面接の予約をした
4.35%	ニュースで時事を知った
2.17%	ゲームをして気分転換した

60　第 2 部　実証的研究

Table 4-2　就職活動中のサポート資源

活用尺度項目
就職活動をしている友人　情緒的サポート　3 項目 就活中の友人と愚痴を言い合った 就活中の友人と不安な気持ちを語り合った 就活中の友人と励まし合った
就職活動をしている友人　道具的サポート　5 項目 就活中の友人と情報を交換した 就活中の友人に進行状況を聞いた 就活中の友人に採用試験の様子を聞いた 就活中の友人と一緒にエントリーシートや面接の対策をした 就活中の友人にどのような企業を受けているか聞いた
就職活動をしていない友人　情緒的サポート　3 項目 就職活動をしていない友人に愚痴を聞いてもらった 就職活動をしていない友人に不安な気持ちを聞いてもらった 就職活動をしていない友人に応援してもらった
就職活動をしていた先輩　道具的サポート　4 項目 就活していた先輩に就職活動の様子を聞いた 就活していた先輩にどの時期になにをするのか聞いた 就活していた先輩に就職活動の仕方を聞いた 就活していた先輩に自分の長所や短所を聞いた
父親　情緒的サポート　4 項目 父親に自分を理解してもらった 父親に見守ってもらった 父親に不安な気持ちを聞いてもらった 父親に愚痴を聞いてもらった
父親　道具的サポート　5 項目 父親に企業の評判を聞いた 父親に働くとはどういうことか聞いた 父親にどういう仕事が自分に適しているか聞いた 父親に社会の動向について聞いた 父親から交通費などの金銭的な援助を受けた
母親　情緒的サポート　4 項目 母親に自分を理解してもらった 母親に見守ってもらった 母親に不安な気持ちを聞いてもらった 母親に愚痴を聞いてもらった
母親　道具的サポート　5 項目 母親に企業の評判を聞いた 母親に働くとはどういうことか聞いた 母親にどういう仕事が自分に適しているか聞いた 母親に社会の動向について聞いた 母親から交通費などの金銭的な援助を受けた
就職課　5 項目 就職課で就職活動全体の流れを教えてもらった 就職課で採用情報を調べた

認知尺度および活用尺度原版

認知尺度項目

私には愚痴を言い合える就活中の友人がいる
私には不安な気持ちを語り合える就活中のの友人がいる
私には励まし合える就活中のの友人がいる

私には情報を交換できる就活中の友人がいる
私には進行状況を聞くことのできる就活中の友人がいる
私には採用試験の様子を聞くことのできる就活中の友人がいる
私には一緒にエントリーシートや面接対策をできる就活中の友人がいる
私にはどのような企業を受けているか聞くことのできる就活中の友人がいる

私には愚痴を聞いてくれる就職活動をしていない友人がいる
私には不安な気持ちを聞いてくれる就職活動をしていない友人がいる
私には応援してくれる就職活動をしていない友人がいる

私には就職活動の様子を聞ける就活していた先輩がいる
私にはどの時期に何をすればよいか聞ける就活していた先輩がいる
私には就職活動の仕方を聞ける就活していた先輩がいる
私には自分の長所や短所を聞ける就活していた先輩がいる

私には自分を理解してくれる父親がいる
私には見守ってくれる父親がいる
私には不安な気持ちを聞いてくれる父親がいる
私には愚痴を聞いてくれる父親がいる

私には企業の評判を聞くことのできる父親がいる
私には働くとはどういうことか聞くことのできる父親がいる
私にはどういう仕事が自分に適しているか聞ける父親がいる
私には社会の動向を聞くことができる父親がいる
私には交通費などの金銭的援助をしてくれる父親がいる

私には自分を理解してくれる母親がいる
私には見守ってくれる母親がいる
私には不安な気持ちを聞いてくれる母親がいる
私には愚痴を聞いてくれる母親がいる

私には企業の評判を聞くことのできる母親がいる
私には働くとはどういうことか聞くことのできる母親がいる
私にはどういう仕事が自分に適しているか聞ける母親がいる
私には社会の動向を聞くことができる母親がいる
私には交通費などの金銭的援助をしてくれる母親がいる

就職課では就職活動全体の流れを教えてもらえると知っている
就職課では採用情報を調べることができると知っている

62　第2部　実証的研究

Table 4-2　就職活動中のサポート資源

活用尺度項目
就職課で OB・OG を紹介してもらった
就職課でエントリーシートをみてもらった
就職課で面接試験対策をしてもらった
就活本　5項目
就活本で企業・業界について調べた
就活本を使って自己分析をした
就活本でエントリーシートの書き方を調べた
就活本で筆記試験の勉強をした
就活本で面接試験対策をした
就職サイト　5項目
就職サイトで企業を検索した
就職サイトで採用情報を調べた
就職サイトで就職活動の流れを調べた
就職サイトで他の就活生の様子を調べた
就職サイトでどのような採用試験か調べた

第3節　研究2-2　就職活動中のサポート資源認知尺度および活用尺度の信頼性・妥当性の検討

1．目的

　研究2-2では，研究2-1で作成した，就職活動中のサポート資源認知尺度および活用尺度の原版を用いて，尺度の妥当性と信頼性を検討することを目的とする。

2．方法

調査対象者

　関東圏の国立大学4校，私立大学8校，中国地方の国立大学1校，東海地方の私立大学1校の，企業に対する就職活動を経験した，大学4年生148名（男性＝53名，女性＝89名，不明＝6名）および大学院修士課程2年生66名（男性＝50名，女性＝15名，不明＝1名）から回答を得た。調査対象者の平均年齢は

第4章　就職活動中のサポート資源認知尺度および活用尺度の作成　　63

認知尺度および活用尺度原版（続き）

認知尺度項目
就職課ではOB・OGを紹介してもらえると知っている
就職課ではエントリーシートをみてもらえると知っている
就職課では面接対策をしてくれると知っている
就活本を使って企業・業界を調べることができると知っている
就活本を使って自己分析ができると知っている
就活本を使ってエントリーシートの書き方を調べることができると知っている
就活本を使って筆記試験の勉強ができると知っている
就活本を使って面接試験対策ができると知っている
就職サイトでは企業を検索できると知っている
就職サイトでは採用情報を調べることができると知っている
就職サイトでは就職活動の流れを調べることができると知っている
就職サイトでは他の就活生の様子を調べることができると知っている
就職サイトでどのような採用試験か調べることができると知っている

22.42歳（$SD = 1.85$）であった。

調査時期および調査手続き

　2011年9月下旬～11月上旬に，質問紙を大学の講義時間やサークル・学生団体などの課外活動中に配布し，回答を求めた。

調査内容

⑴　**デモグラフィック変数**

　学年，年齢，性別，専門分野（文系・理系）の記入を求めた。

⑵　**就職活動の状況**

　卒業後の（希望）進路を「一般企業への就職」，「公務員」，「教員」，「進学（大学院・専門学校など）」，「その他」から当てはまるものへの選択を求めた。

⑶　**就職活動中のサポート資源活用尺度原版**

　研究2-1で作成した，資源ごとにサポートを実際に活用した程度を測定する尺度である。48項目から構成され，「あなたは就職活動中に次のようなことをどの程度しましたか？　それぞれあてはまる数字を1つ選んで○で囲んで下さい。就職課にはキャリア支援室のような大学の中に設置された就職活動を支援する部署を含みます。就職サイトとはリクナビやみんなの就職活動

64　第2部　実証的研究

日記など就職活動に関する情報を提供してくれるホームページのことです」
と教示した上で，「全くしなかった(1)」から「かなりした(5)」の5件法で
回答を求めた。

⑷　就職活動中のサポート資源認知尺度原版

研究2-1で作成した，資源ごとにサポートの活用可能性を認知した程度を
測定する尺度である。48項目からなり，サポート資源活用尺度と同様の内容
を教示した上で，「全くあてはまらない(1)」から「とてもあてはまる(5)」
の5件法で回答を求めた。なお，すべての項目はサポート資源活用尺度の項
目に対応している。

⑸　被援助志向性尺度

田村・石隈（2001）の被援助志向性尺度を用いた。本尺度は構成概念妥当
性の検討を目的に，併せて実施した。「他者に援助を受けることに関する認
知的枠組み」とされる，被援助志向性を測定する尺度である。本研究では下
位尺度のひとつである「援助関係に対する抵抗感の低さ」の4項目を用い，
「当てはまらない(1)」から「当てはまる(5)」の5件法で回答を求めた。得
点が高い方が援助関係に抵抗感を持っていないことを表す。被援助志向性は
人的資源からのサポートの認知および活用と正の相関がみられ，サービスや
ものなどの資源からのサポートの認知および活用と無相関であると考えられ
る。

倫理的配慮

フェイスシートに調査への協力は自由意思に基づくこと，質問紙の提出後
も回答を撤回することができること，調査に回答しないことによって不利益
を被ることはないことを明記した。なお，本研究は筑波大学人間総合科学研
究科研究倫理委員会の承認を得て，実施された。

3．結果

⑴ 就職活動中のサポート資源活用尺度の因子構造と信頼性の検討

　まず，研究1で進路選択に関するサポート資源認知尺度および活用尺度を作成したときと同様の理由から，就職活動中のサポート資源活用尺度の分析から行った。

　就職活動中のサポート資源活用尺度原版48項目に対して，主因子法・プロマックス回転による探索的因子分析を実施した。固有値1以上を因子数の抽出条件として因子分析を行ったところ，10因子が抽出された。2つの因子への因子負荷量が.40以上であった項目，いずれの因子に対しても因子負荷量が.40未満であった項目など，合計8項目を削除した上で，固有値1以上を因子数の抽出条件として，再び主因子法・プロマックス回転による因子分析を実施したところ，9因子が抽出された。

　しかしながら，上記の手続きで作成された就職活動中のサポート資源活用尺度は40項目と項目数が多く，回答者の負担や実用的側面を考慮すると，より簡便な尺度にする必要があると考えられた。そこで各因子から因子負荷量の大きい3項目を選択し，合計27項目からなる尺度を作成することで，就職活動中のサポート資源活用尺度の簡便化をはかった。抽出因子数を9因子に固定して，主因子法・プロマックス回転による探索的因子分析を実施したところ，想定された因子構造が確認された（Table 4-3）。

　第1因子は「就活をしていた先輩にどの時期になにをするのか聞いた」や「就活をしていた先輩に就職活動の様子を聞いた」といった項目が高く負荷しており，「先輩からの道具的サポートの活用」因子（以下，先輩の活用）と命名した。第2因子は「母親に愚痴を聞いてもらった」や「母親に不安な気持ちを聞いてもらった」といった項目が高く負荷しており，「母親からの情緒的サポートの活用」因子（以下，母親の情緒的活用）と命名した。第3因子は「父親に社会の動向について聞いた」や「父親に不安な気持ちを聞いても

Table 4-3 簡便化した就職活動中のサポート資源活用尺度の因子分析の結果
（主因子法 プロマックス回転）

項　目	F1	F2	F3	F4	F5	F6	F7	F8	F9
F1：先輩からの道具的サポートの活用（α=.92）									
就活をしていた先輩にどの時期になにをするのか聞いた	.89	-.02	.03	-.09	-.03	.05	.02	.09	-.11
就活をしていた先輩に就職活動の様子を聞いた	.88	.00	-.02	.07	.01	-.03	-.02	-.05	.09
就活をしていた先輩に就職活動の仕方を聞いた	.88	-.03	.02	.02	.04	.02	.01	-.02	.04
F2：母親からの情緒的サポートの活用（α=.89）									
母親に愚痴を聞いてもらった	-.01	.89	-.03	.03	-.02	.02	.06	-.03	.03
母親に不安な気持ちを聞いてもらった	-.06	.88	.07	.00	-.05	.02	.01	.00	.03
母親に自分を理解してもらった	.03	.73	.02	-.02	.10	.03	.01	.04	-.09
F3：父親からのサポートの活用（α=.87）									
父親に社会の動向について聞いた	-.04	-.01	.91	-.01	-.01	.07	.07	-.05	.02
父親に企業の評判を聞いた	.01	-.10	.83	.03	-.02	.07	.09	.05	-.03
父親に不安な気持ちを聞いてもらった	.06	.19	.71	-.04	.02	-.15	-.14	-.01	.02
F4：就職課の活用（α=.85）									
就職課でエントリーシートをみてもらった	-.01	-.02	-.07	.96	.04	.06	.03	-.08	-.02
就職課で面接試験対策をしてもらった	-.02	.00	.08	.83	-.04	-.04	-.07	.04	-.05
就職課で就職活動全体の流れを教えてもらった	.03	.03	-.03	.63	.01	-.03	.06	.10	.07
F5：就職活動をしていない友人からの情緒的サポートの活用（α=.84）									
就活をしていない友人に不安な気持ちを聞いてもらった	.00	-.02	-.02	.02	.95	.02	.01	-.05	.04
就活をしていない友人に愚痴を聞いてもらった	-.06	-.04	-.01	-.04	.84	-.01	.04	.09	-.01
就活をしていない友人に応援してもらった	.08	.09	.02	.03	.64	-.03	-.02	-.03	-.05
F6：就職活動をしている友人からのサポートの活用（α=.84）									
就活中の友人と情報を交換した	.00	-.04	.04	.02	-.06	.86	.03	-.02	-.03
就活中の友人にどのような企業を受けているか聞いた	.05	.06	-.09	.01	-.03	.80	.07	.00	.05
就活中の友人に進行状況を聞いた	.00	.06	.03	-.04	.09	.73	-.18	.01	.00
F7：母親からの道具的サポートの活用（α=.81）									
母親に社会の動向について聞いた	-.04	.08	-.14	-.04	-.02	.00	.92	.02	-.03
母親に働くとはどういうことか聞いた	-.01	.04	.13	.02	.00	-.05	.70	.03	.07
母親に企業の評判を聞いた	.07	-.03	.12	.05	.07	-.01	.60	-.06	-.03
F8：就活本の活用（α=.81）									
就活本でエントリーシートの書き方を調べた	-.01	-.08	.00	-.08	-.02	.07	.08	.82	-.01
就活本で面接試験対策をした	.10	.10	-.02	.11	-.06	-.07	-.07	.74	-.01
就活本を使って自己分析をした	-.05	.00	.01	.01	.08	-.01	-.02	.73	.02
F9：就職サイトの活用（α=.60）									
就職サイトで企業を検索した	.05	-.07	-.01	.03	-.07	-.03	.06	-.04	.63
就職サイトでどのような採用試験か調べた	-.16	-.05	.07	.04	.04	.06	-.07	.11	.58
就職サイトで採用情報を調べた	.13	.09	-.05	-.11	.01	-.01	-.01	-.03	.57

因子抽出法：主因子法

因子間相関	F1	F2	F3	F4	F5	F6	F7	F8	F9
F2	.03	—							
F3	.29	.46	—						
F4	.00	.34	.13	—					
F5	.25	.07	.17	.03	—				
F6	.44	.18	.16	.13	.32	—			
F7	.12	.51	.47	.31	.13	.10	—		
F8	.28	.13	.14	.37	.17	.29	.18	—	
F9	.28	.14	.13	.15	.20	.33	.10	.29	—

らった」といった項目が高く負荷しており，「父親からのサポートの活用」
因子（以下，父親の活用）と命名した。第4因子は「就職課でエントリーシー
トをみてもらった」や「就職課で面接試験対策をしてもらった」といった項
目が高く負荷しており，「就職課の活用」因子と命名した。第5因子は「就
活をしていない友人に不安な気持ちを聞いてもらった」や「就活をしていな
い友人に愚痴を聞いてもらった」といった項目が高く負荷しており，「就職
活動をしていない友人からの情緒的サポートの活用」因子（以下，就活をして
いない友人の活用）と命名した。第6因子は「就活中の友人と情報を交換し
た」や「就活中の友人にどのような企業を受けているか聞いた」といった項
目が高く負荷しており，「就職活動をしている友人からのサポートの活用」
因子（以下，就活をしている友人の活用）と命名した。第7因子は「母親に社
会の動向を聞いた」や「母親に働くとはどういうことか聞いた」といった項
目が高く寄与していたため，「母親からの道具的サポートの活用」因子（以
下，母親の道具的活用）と命名した。第8因子は「就活本でエントリーシート
の書き方を調べた」や「就活本で面接試験対策をした」といった項目が高く
負荷しており，「就活本の活用」因子と命名した。第9因子は「就職サイト
で企業を検索した」や「就職サイトでどのような採用試験か調べた」といっ
た項目が高く寄与しており，「就職サイトの活用」因子と命名した。9因子
の因子間相関は $r = .00-.51$ であった。

　次に就職活動中のサポート資源活用尺度の信頼性を検討するため，
Cronbach の α 係数を下位尺度ごとに算出した（Table 4-3）。その結果，「就
職サイトの活用」が $\alpha = .60$ と若干低い値であったが，その他の下位尺度で
は $\alpha = .81-.92$ と高い値が得られ，簡便化した就職活動中のサポート資源活
用尺度は一定の信頼性を備えた尺度であることが示された。

⑵　就職活動中のサポート資源認知尺度の因子構造と信頼性の検討

　就職活動中のサポート資源認知尺度については，就職活動中のサポート資

68 第2部 実証的研究

源活用尺度に対応させて下位尺度を構成した。下位尺度名は，それぞれ「先輩からの道具的サポートの認知」（以下，先輩の認知），「母親からの情緒的サポートの認知」（以下，母親の情緒的認知），「父親からのサポートの認知」（以下，父親の認知），「就職課のサポート資源としての認知」（以下，就職課の認知），「就職活動をしていない友人からの情緒的サポートの認知」（以下，就活をしていない友人の認知），「就職活動をしている友人からのサポートの認知」（以下，就活をしている友人の認知），「母親からの道具的サポートの認知」（以下，母親の道具的認知），「就活本のサポート資源としての認知」（以下，就活本の認知），「就職サイトのサポート資源としての認知」（以下，就職サイトの認知）とした。下位尺度および下位尺度に含まれる項目を Table 4-4 に示す。

就職活動中のサポート資源認知尺度は就職活動中のサポート資源活用尺度の下位尺度に対応させて，下位尺度を構成したため，データとの適合性を検討する必要性があると考えられた。そこで，確認的因子分析を実施したところ，モデル適合度は GFI = .86，AGFI = .82，CFI = .95，RMSEA = .06であった。値が十分でない適合度指標もあるが，モデルの妥当性を著しく損なうものではなく，許容できる範囲内であると考えられた。

次に就職活動中のサポート資源認知尺度の信頼性を検討するため，Cronbach の α 係数を下位尺度ごとに算出した。その結果，α = .75-.94と高い値が得られた（Table 4-4）。以上から，就職活動中のサポート資源認知尺度は高い信頼性を備えた尺度であることが示された。

第4章　就職活動中のサポート資源認知尺度および活用尺度の作成　69

Table 4-4　就職活動中のサポート資源認知尺度の下位尺度と項目

項目	標準化推定値
F1：先輩からの道具的サポートの認知（α＝.94）	
私にはどの時期に何をすればよいか聞くことができる就活をしていた先輩がいた	.91
私には就職活動の様子を聞くことができる就活をしていた先輩がいた	.86
私には就職活動の仕方を聞くことができる就活をしていた先輩がいた	.92
F2：母親からの情緒的サポートの認知（α＝.92）	
私には愚痴を聞いてくれる母親がいた	.92
私には不安な気持ちを聞いてくれる母親がいた	.93
私には自分を理解してくれる母親がいた	.73
F3：父親からのサポートの認知（α＝.87）	
私には社会の動向を聞くことができる父親がいた	.95
私には企業の評判を聞くことができる父親がいた	.83
私には不安な気持ちを聞いてくれる父親がいた	.70
F4：就職課のサポート資源としての認知（α＝.87）	
就職課ではエントリーシートをみてもらえると知っていた	.92
就職課では面接対策をしてくれると知っていた	.83
就職課では就職活動全体の流れを教えてもらえると知っていた	.70
F5：就活をしていない友人からの情緒的サポートの認知（α＝.92）	
私には不安な気持ちを聞いてくれる就活をしていない友人がいた	.97
私には愚痴を聞いてくれる就活をしていない友人がいた	.82
私には応援してくれる就活をしていない友人がいた	.63
F6：就活をしている友人からのサポートの認知（α＝.90）	
私には情報を交換できる就活中の友人がいた	.81
私にはどのような企業を受けていたか聞くことができる就活中の友人がいた	.84
私には進行状況を聞くことができる就活中の友人がいた	.75
F7：母親からの道具的サポートの認知（α＝.85）	
私には社会の動向を聞くことができる母親がいた	.80
私には働くとはどういうことか聞くことができる母親がいた	.84
私には企業の評判を聞くことができる母親がいた	.66
F8：就活本のサポート資源としての認知（α＝.82）	
就活本を使ってエントリーシートの書き方を調べることができると知っていた	.79
就活本を使って面接試験対策ができると知っていた	.79
就活本を使って自己分析ができると知っていた	.72
F9：就職サイトのサポート資源としての認知（α＝.75）	
就職サイトでは企業を検索できると知っていた	.57
就職サイトでどのような採用試験か調べることができると知っていた	.60
就職サイトでは採用情報を調べることができると知っていた	.60

70　第2部　実証的研究

Table 4-5　就職活動中のサポート資源活用尺度と

	就活をしている 友人の活用	就活をしていない 友人の活用	先輩の活用	父親の活用
援助関係に対する 抵抗感の低さ	.29**	.21**	.24**	.08

**p＜.01

Table 4-6　就職活動中のサポート資源認知尺度と

	就活をしている 友人の認知	就活をしていない 友人の認知	先輩の認知	父親の認知
援助関係に対する 抵抗感の低さ	.35**	.29**	.26**	.16*

*p＜.05,　**p＜.01

(3)　就職活動中のサポート資源認知尺度および活用尺度の妥当性の検討

　妥当性の検討を行うために，被援助志向性尺度の「援助関係に対する抵抗感の低さ」得点と就職活動中のサポート資源認知尺度および活用尺度の各下位尺度得点の相関係数を求めた（Table 4-5, Table 4-6）。なお，下位尺度得点には下位尺度に含まれる項目の得点の加算平均を用いた。

　就職活動中のサポート資源活用尺度では「就活をしている友人の活用」，「就活をしていない友人の活用」，「先輩の活用」と「援助関係に対する抵抗感の低さ」との間に有意な弱い正の相関が示された。

　また，就職活動中のサポート資源認知尺度においては「就活をしている友人の認知」，「就活をしていない友人の認知」，「先輩の認知」，「母親の情緒的認知」，「就職サイトの認知」と「援助関係に対する抵抗感の低さ」との間に有意な弱い正の相関がみられた。

(4)　尺度の基本統計量と学年差・性差の検討

　就職活動中のサポート資源認知尺度および活用尺度の学年差と性差を検討するために，尺度の各下位尺度を従属変数とし，学年（学部4年生・修士2年

第 4 章　就職活動中のサポート資源認知尺度および活用尺度の作成　71

「援助関係に対する抵抗感の低さ」の相関係数

母親の情緒的活用	母親の道具的活用	就職課の活用	就職サイトの活用	就活本の活用
.13	.06	.01	.13	− .07

「援助関係に対する抵抗感の低さ」との相関係数

母親の情緒的認知	母親の道具的認知	就職課の認知	就職サイトの認知	就活本の認知
.23**	.09	.09	.21**	.07

生）×性（男性・女性）を独立変数とした 2 要因分散分析を行った。結果を
Table 4-7, Table 4-8 に示す。

　就職活動中のサポート資源活用尺度に関しては，有意な交互作用はみられ
ず，「母親の情緒的活用」（$F(1,203) = 5.23$, $p < .05$）において学年の主効果
が，「就職課の活用」（$F(1,203) = 7.23$, $p < .01$）において性別の主効果がみ
られた。「母親の情緒的活用」は有意に学部 4 年生の方が修士 2 年生よりも
高く，「就職課の活用」は有意に女性の方が男性よりも高かった。

　就職活動中のサポート資源認知尺度に関しては，有意な交互作用はみられ
ず，「母親の道具的認知」（$F(1,203) = 5.17$, $p < .05$）において学年の主効果
が，「母親の道具的認知」（$F(1,203) = 4.22$, $p < .05$）と「就活本の認知」（$F(1,203) = 6.15$, $p < .05$）において性別の主効果がみられた。「母親の道具的認
知」は有意に修士 2 年生の方が学部 4 年生より高く，また女性の方が男性よ
り高かった。「就活本の認知」は有意に女性の方が男性よりも高かった。

4．考察

　研究2-2では，就職活動中のサポート資源認知尺度および活用尺度の妥当

72　第 2 部　実証的研究

Table 4-7　就職活動中のサポート資源活用尺度の平均値と標準偏差，学年×性別の 2 要因分散分析の結果

	全体	学部 4 年生(B4)		修士 2 年生(M2)		学年の主効果		性別の主効果		交互作用	
		男性	女性	男性	女性						
	$N=214$	$N=53$	$N=89$	$N=50$	$N=15$						
就職活動をしている友人からのサポートの活用	4.18 (0.89)	4.25 (0.89)	4.16 (0.84)	4.18 (1.00)	4.02 (0.96)	0.48	n.s.	0.63	n.s.	0.05	n.s.
就職活動をしてない友人からの情緒的サポートの活用	2.81 (1.25)	2.81 (1.19)	3.00 (1.30)	2.60 (1.22)	2.64 (1.22)	1.70	n.s.	0.31	n.s.	0.12	n.s.
先輩からの道具的サポートの活用	3.56 (1.03)	3.70 (0.97)	3.57 (0.98)	3.55 (1.14)	3.20 (1.17)	2.21	n.s.	1.89	n.s.	0.40	n.s.
父親からのサポートの活用	2.10 (1.22)	2.18 (1.31)	2.18 (1.17)	2.09 (1.27)	1.69 (1.11)	1.94	n.s.	0.87	n.s.	0.93	n.s.
母親からの情緒的サポートの活用	2.99 (1.36)	2.89 (1.37)	3.42 (1.29)	2.53 (1.30)	2.76 (1.28)	5.23* B4>M2		2.80	n.s.	0.43	n.s.
母親からの道具的サポートの活用	1.81 (0.97)	1.77 (1.16)	2.05 (1.08)	1.47 (0.73)	1.76 (0.89)	3.35	n.s.	3.01	n.s.	0.00	n.s.
就職課の活用	1.97 (1.23)	1.79 (1.16)	2.28 (1.32)	1.61 (1.07)	2.24 (1.26)	0.27	n.s.	7.23** 女性>男性		0.12	n.s.
就職サイトの活用	4.48 (0.67)	4.46 (0.64)	4.51 (0.67)	4.41 (0.77)	4.62 (0.47)	0.08	n.s.	1.25	n.s.	0.47	n.s.
就活本の活用	3.12 (1.25)	2.95 (1.31)	3.31 (1.20)	3.00 (1.31)	3.31 (1.24)	0.02	n.s.	2.43	n.s.	0.01	n.s.

*$p<.05$，**$p<.01$　（　）内は標準偏差

Table 4-8　就職活動中のサポート資源認知尺度の平均値と標準偏差，学年×性別の 2 要因分散分析の結果

	全体	学部 4 年生(B4)		修士 2 年生(M2)		学年の主効果		性別の主効果		交互作用	
		男性	女性	男性	女性						
	$N=214$	$N=53$	$N=89$	$N=50$	$N=15$						
就職活動をしている友人からのサポートの認知	4.33 (0.89)	4.37 (0.90)	4.27 (0.93)	4.43 (0.79)	4.29 (1.02)	0.08	n.s.	0.66	n.s.	0.12	n.s.
就職活動をしてない友人からの情緒的サポートの認知	3.62 (1.21)	3.57 (1.18)	3.68 (1.25)	3.60 (1.26)	3.76 (1.07)	0.07	n.s.	0.41	n.s.	0.011	n.s.
先輩からの道具的サポートの認知	3.79 (1.24)	3.91 (1.16)	3.70 (1.27)	3.94 (1.21)	3.69 (1.48)	0.00	n.s.	1.18	n.s.	0.01	n.s.
父親からのサポートの認知	2.79 (1.29)	2.70 (1.34)	2.66 (1.28)	3.10 (1.25)	2.84 (1.23)	1.77	n.s.	0.48	n.s.	0.21	n.s.
母親からの情緒的サポートの認知	3.62 (1.28)	3.35 (1.25)	3.87 (1.25)	3.51 (1.34)	3.64 (1.21)	0.03	n.s.	2.28	n.s.	0.76	n.s.
母親からの道具的サポートの認知	2.48 (1.13)	2.24 (1.08)	2.50 (1.12)	2.54 (1.16)	3.07 (1.12)	5.17* M2>B4		4.22* 女性>男性		0.49	n.s.
就職課のサポート資源としての認知	3.94 (1.09)	3.76 (1.18)	4.24 (0.94)	3.60 (1.26)	3.76 (1.07)	0.48	n.s.	8.31** 女性>男性		0.41	n.s.
就職サイトのサポート資源としての認知	4.55 (0.57)	4.45 (0.55)	4.60 (0.62)	4.51 (0.56)	4.69 (0.41)	0.59	n.s.	2.68	n.s.	0.02	n.s.
就活本のサポート資源としての認知	4.20 (0.89)	3.90 (0.91)	4.37 (0.83)	4.22 (0.71)	4.44 (0.69)	2.04	n.s.	6.15* 女性>男性		0.76	n.s.

*$p<.05$，**$p<.01$　（　）内は標準偏差

第4章　就職活動中のサポート資源認知尺度および活用尺度の作成　73

性と信頼性の検討を行った。

(1)　就職活動中のサポート資源活用尺度の作成

　就職活動中のサポート資源活用尺度原版の探索的因子分析の結果，就職活動中のサポート資源活用尺度は9つの下位尺度から構成された。

　また，当初作成されたサポート資源活用尺度は40項目と項目数が多かったため，各下位尺度から因子負荷量の高い項目を選び，尺度の簡便化をはかった。探索的因子分析の結果，当初と同じ因子構造で27項目から構成される尺度となり，より使い勝手の良い尺度が作成されたといえる。

　信頼性については，各下位尺度のα係数の値は.60-.92となり，「就職サイトの活用」の値は.60と高いとはいえないが，その他に関しては高い内的一貫性が認められた。妥当性の検討は，被援助志向性との相関係数を算出することによって行った。その結果，「就活をしている友人の活用」，「就活をしていない友人の活用」，「先輩の活用」と有意な弱い正の相関がみられ，「就職課の活用」，「就職サイトの活用」，「就活本の活用」とは有意な相関が見られず，ほぼ無相関であった。これらは仮説通りの関係性を示したが，「父親の活用」，「母親の情緒的活用」，「母親の道具的活用」は仮説とは異なり，ほぼ無相関であった。家族への実際の援助要請行動は被援助志向性と相関がみられない（脇本，2008）という知見もあるため，検討の余地は残るものの，就職活動中のサポート資源活用尺度には一定の妥当性が確認されたと考えられる。

(2)　就職活動中のサポート資源認知尺度の作成

　就職活動中のサポート資源認知尺度は就職活動中のサポート資源活用尺度に対応するように，それぞれの下位尺度を構成した。就職活動中のサポート資源認知尺度とデータとの適合性を検討するため，確認的因子分析を実施したところ，若干十分な値を示さない適合度指標もあったが，許容範囲内であ

ると考えられた。

　信頼性については，各下位尺度の α 係数の値は $\alpha = .75-.94$ となり，高い内的一貫性が確認された。妥当性の検討は，被援助志向性との相関係数を算出することによって行った。その結果，被援助志向性と「就活をしている友人の認知」，「就活をしていない友人の認知」，「先輩の認知」，「母親の情緒的認知」，「就職サイトの認知」との間で有意な弱い正の相関がみられた。おおむね，仮説通りの関係性が確認されたが，「父親の認知」および「母親の道具的認知」とほとんど相関がみられなかったこと，「就職サイトの認知」と正の相関がみられたことは仮説とは異なる結果であった。上述の通り，「父親の認知」と「母親の道具的認知」については，脇本（2008）の知見と一致するものであると考えられる。一方で，「母親の情緒的認知」では弱い相関がみられた。情緒的サポートは単なる情報提供に留まる道具的なサポートとは異なり，感情面の支えであることから心的負荷が高いため，援助を受けることへの抵抗感が低いことと関連があった可能性がある。また，「就職サイトの認知」と被援助志向性に正の相関がみられたことについては，被援助志向性が他者から援助を受けることだけではなく，広くサポートを利用することへの抵抗感の低さを測定していた結果である可能性が考えられる。以上から，就職活動中のサポート資源認知尺度は一定の妥当性と高い信頼性が確認された尺度であるといえる。

⑶　就職活動中のサポート資源認知尺度および活用尺度の学年差・性差

　就職活動中のサポート資源認知尺度および活用尺度の学年差および性差を検討するために2要因分散分析を行った結果，交互作用はみられなかった。学年差に関しては，修士2年生の方が学部4年生よりも「母親の道具的認知」が高く，学部4年生の方が修士2年生よりも「母親の情緒的活用」が高かった。就職活動は親からの自立のプロセスであり，より年齢が高い修士2年生の方が学部4年生より自立への意思が強いと考えられる。そのため，修

士2年生は母親からの情報提供などのサポートの利用可能性を認知するに留まり，一方で学部4年生は修士2年生よりも母親からの情緒面でのサポートを実際に利用しているのだろう。

　性差に関しては，女性の方が男性よりも「母親の道具的認知」，「就職課の活用」，「就職課の認知」，「就活本の認知」が高かった。ソーシャルサポートに関する研究や専門機関への援助要請に関する研究では，男性よりも女性の方がソーシャルサポートを多く知覚し（たとえば，福岡・橋本，1997），援助要請行動を行うことが明らかにされている（たとえば，水野・石隈，1999）。就活本の利用に関する性差については，心理・健康面の悩みを抱えたときに，女性は男性よりも紙メディアをサポート資源として利用する（佐藤，2008）という先行研究の知見と整合性のある結果である。しかしながら，佐藤（2008）においては，修学・進路の悩みを抱えたときの紙メディア利用には性差がみられていない。就活本の利用に関する先行研究は少ないため，さらなる検討が必要であるが，その他に関しては，おおむね先行研究に一致した結果であるといえる。

第4節　研究2のまとめ

　研究2では就職活動中のサポート資源認知尺度および活用尺度を作成し，その信頼性と妥当性を検討することを目的とした。研究2-1では自由記述式質問紙と半構造化面接による質的調査を行い，就職活動中の学生の実態に即した尺度項目を作成した。研究2-2では研究2-1で作成した項目から構成された就職活動中のサポート資源認知尺度および活用尺度の原版を用いて，因子構造の確認や信頼性と妥当性の検討を実施した。就職活動中のサポート資源活用尺度の「就職サイトの活用」のα係数が低いことや，両尺度の一部の下位尺度において，被援助志向性と想定された理論的関係性がみられなかったことから，さらなる妥当性の検討が望まれる。しかし，全体としては一定の

76　第2部　実証的研究

信頼性と妥当性が確認された。以上から，就職活動中のサポート資源の認知
と活用の両側面を測定できる有用なツールを開発できたといえる。

第5章　サポート資源の認知と活用が進路選択と就職活動に及ぼす影響（研究3・研究4）

第1節　研究3と研究4の目的

　研究3と研究4では，サポート資源の認知と活用が進路選択や就職活動およびそれらに悪影響を及ぼす不安に対して，どのような影響を及ぼすか，認知と活用の機能の違いに注目して，検討することを目的とする。研究3と研究4それぞれの詳細な目的については，順次それぞれの研究の目的の項で述べる。

第2節　研究3　進路選択に関するサポート資源が進路選択不安および進路未決定，キャリア意識に及ぼす影響

1．目的

　研究3の目的は，進路選択に関するサポート資源の認知および活用が，進路選択不安や進路未決定，キャリア意識とどのような関連を持つか検討することである。具体的には，①進路選択に関するサポート資源の認知が進路選択不安を低減すること，②進路選択不安への対処として進路選択に関するサポート資源が活用され，進路決定やキャリア意識への悪影響を緩和することを明らかにする（Figure 5-1）。

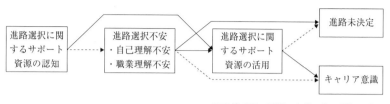

Figure 5-1　研究3の分析モデル

2．方法

調査対象者

東北圏の国立大学1校，関東圏の国立大学1校，私立大学3校の大学2，3年生198名（男性：81名，女性：117名）から回答を得た。調査対象者の平均年齢は19.86歳（$SD=0.96$）であった。

調査時期および調査手続き

2014年4月下旬～6月に質問紙を大学の講義時間に配布し，回答を求めた。

調査内容

(1)　デモグラフィック変数

学年，年齢，性別，専門分野（文系・理系）の記入を求めた。

(2)　進路選択に関するサポート資源活用尺度

研究1で作成した，資源ごとにサポートを実際に活用した程度を測定する尺度である。8下位尺度24項目から構成され，「全くあてはまらない(1)」から「とてもあてはまる(5)」の5件法で回答を求めた。

(3)　進路選択に関するサポート資源認知尺度

研究1で作成した，資源ごとにサポートの活用可能性を認知した程度を測定する尺度である。8下位尺度24項目からなり，「全くあてはまらない(1)」から「とてもあてはまる(5)」の5件法で回答を求めた。

⑷　**職業選択不安尺度**

　松田・永作・新井（2008）によって作成された，職業選択に関する不安を測定する尺度であり，本研究では進路選択不安を測定する指標として用いた。「自己理解不安」，「職業理解不安」，「決定方略不安」，「職業移行不安」の４下位尺度16項目から構成されるが，本研究では「自己理解不安」と「職業理解不安」８項目を使用した。下村（2009）は進路選択において，自己を理解することと職業（社会）を理解すること，およびその理解にバランスがとれることの重要性を指摘している。本研究では，自己理解と職業理解のバランスには言及しないが，この指摘を考慮して，この２下位尺度を用いることとした。「自己理解不安」は自己についての理解に関する不安，「職業理解不安」は職業についての理解に関する不安を測定するものである。「全くあてはまらない⑴」から「とてもあてはまる⑸」の５件法で回答を求めた。

⑸　**職業未決定尺度**

　下山（1986）によって作成された職業未決定の程度を「混乱」，「未熟」，「安直」，「猶予」，「模索」，「決定」の６下位尺度から測定する尺度であり，本研究では進路未決定の程度を測定する指標として用いた。それぞれ，「混乱」は進路選択に直面して情緒的に混乱している状態を，「未熟」は将来の見通しがなく，進路選択に取り組めないでいる状態を，「安直」は努力をしない安易な進路選択の状態を，「猶予」は進路選択について考えることを先延ばしにしている状態を，「模索」は進路を積極的に模索している状態を指す。また，「決定」は進路を決定している状態を指す。なお，本尺度は二重負荷の項目や負荷量の低い項目が混在しているため，そのような項目を除いた31項目を使用した。「まったくあてはまらない⑴」から「とてもあてはまる⑸」の５件法で回答を求めた。

⑹　**キャリア・アクション・ビジョン・テスト（CAVT）**

　下村・八幡・梅崎・田澤（2009）によって作成された，キャリア教育の効果測定のための尺度であり，本研究ではキャリア意識を測定するために用い

80　第2部　実証的研究

た。本尺度は，将来に向けてどのくらい熱心に積極的に行動を行っているか測定する「アクション」と，将来に向けてビジョンや夢，やりたいことを，どの程度明確にしているか，どの程度そのための準備をしているかを測定する「ビジョン」の2下位尺度から構成される。CAVTは研究の目的に応じて，教示文，質問項目の語尾などを自由に改変して使用することが認められており（梅崎・田澤，2013），本研究では，現在のキャリア意識を測定するために，項目の語尾を現在形に改めて使用した。たとえば，「学外の様々な活動に熱心に取り組む」という原版の項目を「学外の様々な活動に熱心に取り組んでいる」と改めた。「していない(1)」から「かなりしている(5)」の5件法で回答を求めた。

倫理的配慮

　フェイスシートに調査への協力は自由意思に基づくこと，質問紙の提出後も回答を撤回することができること，調査に回答しないことによって不利益を被ることはないことを明記した。なお，本研究は筑波大学人間系研究倫理委員会の承認を得て，実施された。

3．結　果

(1)　基本統計量とα係数，進路選択不安と進路未決定，CAVT間の相関係数

　各尺度に含まれる項目を合計し，項目数で割った値を各尺度得点とした。各下位尺度の平均値，標準偏差，Cronbachのα係数をTable 5-1，Table 5-2に示す。進路未決定のうち「安直」が$\alpha = .47$と著しく低かったため，以後の分析から除外することとした。その他に関しては$\alpha = .70 - .97$であり，本研究で用いた尺度は一定の内的一貫性を備えているといえる。

　また，進路選択不安と進路未決定，CAVT間の相関係数をTable 5-3に示す。進路選択不安のうち「自己理解不安」はCAVTの下位尺度と有意な

第5章　サポート資源の認知と活用が進路選択と就職活動に及ぼす影響　81

Table 5-1　進路選択に関するサポート資源の基本統計量，a 係数

	平均値	SD	a 係数
友人の活用	3.09	1.23	.89
先輩の活用	2.39	1.31	.91
父親の活用	2.38	1.30	.93
母親の活用	3.36	1.24	.91
大学教員の活用	2.09	1.24	.93
就職課の活用	1.57	0.90	.84
インターネットの活用	3.89	1.09	.91
書籍の活用	2.98	1.33	.94
友人の認知	3.69	1.09	.93
先輩の認知	2.79	1.37	.95
父親の認知	3.14	1.36	.97
母親の認知	3.83	1.09	.95
大学教員の認知	2.69	1.29	.94
就職課の認知	3.19	1.19	.91
インターネットの認知	4.03	0.97	.94
書籍の認知	3.81	1.02	.93

Table 5-2　進路未決定と CAVT の基本統計量，a 係数

	平均値	SD	a 係数
混乱	3.38	0.95	.82
未熟	2.84	0.91	.80
安直	2.78	0.75	.47
猶予	2.32	0.79	.74
模索	3.31	0.77	.70
決定	2.45	0.94	.82
アクション	3.32	0.89	.88
ビジョン	3.57	0.84	.85

Table 5-3　進路選択不安と進路未決定，CAVT 間の相関係数

	自己理解不安	職業理解不安
アクション	$-.24^{**}$	$-.10$
ビジョン	$-.28^{**}$	$-.06$
決定	$-.66^{**}$	$-.46^{**}$
混乱	$.64^{**}$	$.67^{**}$
未熟	$.73^{**}$	$.61^{**}$
猶予	$.40^{**}$	$.27^{**}$
模索	$.35^{**}$	$.45^{**}$

$^{**}p < .01$

低い負の相関を，進路未決定のうち「混乱」，「未熟」，「猶予」，「模索」と有意な低いまたは中程度の，高い正の相関を示した。「決定」とは有意な中程度の負の相関を持っていた。また，「職業理解不安」は CAVT との間に有意な相関を示さなかった。進路未決定とは「混乱」，「未熟」，「猶予」，「模

82　第 2 部　実証的研究

索」と有意な低いまたは中程度の正の相関を，「決定」とは有意な中程度の
負の相関を示した。

⑵　**進路選択に関するサポート資源の認知および活用と進路選択不安，進路未決定，CAVT 間の相関係数**

　進路選択に関するサポート資源の認知および活用と進路選択不安，進路未決定，CAVT 間の相関係数を算出した（Table 5-4）。

　まず，「自己理解不安」は「友人の認知」，「先輩の認知」，「父親の活用」，「大学教員の活用」，「インターネットの活用」，「インターネットの認知」との間に，有意な弱い負の相関を示した。また，「職業理解不安」は「友人の活用」との間に有意な弱い正の相関を，「大学教員の活用」との間に有意な弱い負の相関を示した。

Table 5-4　進路選択に関するサポート資源と進路選択不安，進路未決定，CAVT との間の相関

| | 自己理解不安 | 職業理解不安 | 進路未決定 | | | | | CAVT | |
			混乱	未熟	猶予	模索	決定	アクション	ビジョン
友人の活用	− .05	.20**	.10	− .01	− .14**	.22**	.20**	.30**	.36**
友人の認知	− .20**	.00	− .13	− .20**	− .22**	.20**	.31**	.37**	.44**
先輩の活用	− .07	− .04	− .05	− .07	− .17*	.06	.16*	.35**	.29**
先輩の認知	− .15*	.10	− .18*	− .12	− .16*	.09	.23**	.44**	.33**
父親の活用	− .21**	− .08	− .18*	− .22**	− .20**	− .07	.32**	.26**	.33**
父親の認知	− .12	− .06	− .20**	− .13	− .27**	− .06	.19**	.17*	.25**
母親の活用	− .05	.10	.02	− .11	− .20**	.15*	.18*	.25**	.36**
母親の認知	− .05	.04	− .08	− .12	− .25**	.14	.14	.19**	.31**
大学教員の活用	− .21**	− .15*	− .23**	− .18*	− .14*	.01	.30**	.35**	.34**
大学教員の認知	− .10	− .12	− .25**	− .15*	− .18**	.05	.26**	.38**	.37**
就職課の活用	.05	− .05	.02	.09	.05	.01	.09	.14*	.10
就職課の認知	.04	.04	− .03	− .04	− .17*	.06	.07	.26**	.30**
インターネットの活用	− .23**	− .04	.03	− .18*	− .29**	.08	.35**	.41**	.52**
インターネットの認知	− .16*	− .02	− .08	− .24**	− .31**	.10	.17*	.30**	.45**
書籍の活用	− .14	− .04	.06	− .13	− .16	.11	.28**	.31**	.36**
書籍の認知	− .09	.06	.01	− .19**	− .20**	.12	.18**	.30**	.47**

*$p < .05$, **$p < .01$

「混乱」は「先輩の認知」，「父親の活用」，「父親の認知」，「大学教員の活用」，「大学教員の認知」との間に有意な弱い負の相関を示した。「未熟」については，「友人の認知」，「父親の活用」，「大学教員の活用」，「大学教員の認知」，「インターネットの活用」，「インターネットの認知」，「書籍の認知」との間に有意な弱い負の相関がみられた。「猶予」は「就職課の活用」と「書籍の活用」を除く，その他の進路選択に関するサポート資源の認知と活用との間に有意な弱い負の相関を示した。「模索」については，「友人の活用」，「友人の認知」，「母親の活用」との間に有意な弱い正の相関がみられた。「決定」については，「母親の認知」，「就職課の活用」，「就職課の認知」の除く，その他の進路選択に関するサポート資源の認知と活用との間に有意な弱い正の相関がみられた。

　「アクション」については，すべての進路選択に関するサポート資源の認知と活用との間に有意な弱いまたは中程度の正の相関がみられた。また，「ビジョン」については，「就職課の活用」を除く，その他の進路選択に関するサポート資源の認知と活用との間に有意な弱いまたは中程度の正の相関がみられた。

⑶　進路選択に関するサポート資源の認知および活用が進路選択に及ぼす影響

　①進路選択に関するサポート資源の認知が進路選択不安を低減し，進路選択に関するサポート資源の活用を促す，②進路選択に関するサポート資源の活用は進路選択不安への対処として用いられ，進路選択不安による進路未決定やキャリア意識への悪影響を緩和するというモデルを検討するために，共分散構造分析を実施した。なお，松田（2013）では不安の低群・中群・高群に分類して検討を行っており，低群が適応的であり，中群および高群が不適応的であるという結果が得られている。この結果から，線形性を前提とした分析が可能であると考えられるため，共分散構造分析によって検討を行った。

84　第2部　実証的研究

　具体的には，第1水準に「進路選択に関するサポート資源の認知」，第2水準に「進路選択不安」，第3水準に「進路選択に関するサポート資源の活用」，第4水準に「進路未決定」または「CAVT」を設定したモデルを検討した。また，このモデルでは第1水準の「進路選択に関するサポート資源の認知」から第2水準の「進路選択不安」と第3水準の各認知尺度に対応する活用尺度へのパス，第2水準の「進路選択不安」から第3水準の「進路選択に関するサポート資源の活用」，第4水準の「進路未決定」，「CAVT」へのパス，第3水準の「進路選択に関するサポート資源の活用」から第4水準の「進路未決定」，「CAVT」へのパスを仮定した。なお，第1水準に含まれる変数間には相関を，第3水準と第4水準に含まれる変数に関しては，各水準内の誤差変数間に相関を仮定している。なお，変数が多かったため，「進路未決定」を第4水準に含むモデルと「CAVT」を第4水準に含むモデルを別に作り，それぞれ分析を行った。

　有意ではないパスや第4水準に含まれる「進路未決定」または「CAVT」と関連がない変数を削除しながら分析を繰り返し，最終的に Figure 5-2 と Figure 5-3 のモデルが得られた。Figure 5-2 の適合度は，GFI ＝ .94，AGFI ＝ .88，CFI ＝ .97，RMSEA ＝ .06であり，やや AGFI の値が低いものの，許容範囲内の適合度であると考えられる。また，Figure 5-3 の適合度は，GFI ＝ .95，AGFI ＝ .90，CFI ＝ .96，RMSEA ＝ .08であり，十分なモデル適合度を示した。

　Figure 5-2 から順次述べていく。まず，サポート資源の認知の予防的側面については，「友人の認知」が「自己理解不安」に対して負の影響を与えており，「自己理解不安」の「混乱」，「未熟」，「猶予」に及ぼすの悪影響を緩和していた。

　サポート資源の活用の対処的側面については，「職業理解不安」が「友人の活用」に正の影響を及ぼし，「友人の活用」が「模索」を促していた。また，仮説とは異なり，「自己理解不安」は「父親の活用」，「大学教員の活用」，

第5章　サポート資源の認知と活用が進路選択と就職活動に及ぼす影響　85

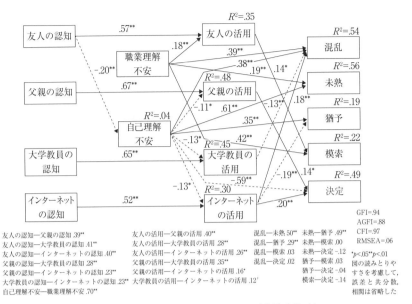

Figure 5-2　共分散構造分析の結果（進路未決定）

「インターネットの活用」に負の影響を及ぼしていた。そして，「父親の活用」は「決定」を高め，「大学教員の活用」は「混乱」を低減していた。「インターネットの活用」については「猶予」を低め，「決定」を促していたが，「混乱」を促進していた。また，サポート資源の活用に対しては，対応する各サポート資源の認知が正の影響を示した。

最後に，「進路選択不安」の「進路未決定」への直接的な影響を述べる。「職業理解不安」は直接的に「混乱」，「未熟」，「模索」を促進していた。また，「自己理解不安」は直接的に「混乱」，「未熟」，「猶予」を高め，「決定」を抑制していた。

次に Figure 5-3 について述べる。まず，サポート資源の認知の予防的側面については「友人の認知」が「自己理解不安」を低減していた。また，サポート資源の活用の対処的側面について，「自己理解不安」は仮説とは異な

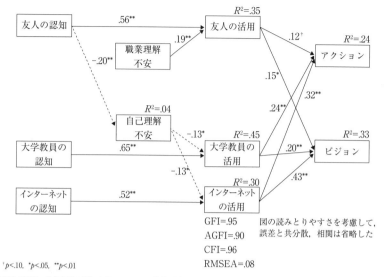

Figure 5-3 共分散構造分析の結果（CAVT）

り,「大学教員の活用」と「インターネットの活用」を抑制していた。すなわち,「友人の認知」が「自己理解不安」を低減することによって,「大学教員の活用」と「インターネットの活用」を促進していた。また,「職業理解不安」は「友人の活用」を促していた。そして,「大学教員の活用」,「インターネットの活用」,「友人の活用」は,「アクション」と「ビジョン」を高めていた。

4．考察

　研究3の目的は, 進路選択に関するサポート資源の認知が進路選択不安を予防的に低減すること, および進路選択不安への対処として進路選択に関するサポート資源が活用され, 進路選択不安の進路決定, およびキャリア意識

への悪影響を緩和することを明らかにすることであった

(1) 進路未決定との関連について

　共分散構造分析の結果，進路選択に関するサポート資源のうち「友人の認知」が「自己理解不安」を低減しており，間接的に進路未決定における「混乱」，「未熟」，「猶予」への悪影響を緩和するといった予防的機能がみられた。友人はともに同じ課題に悩む存在である。そのため，同じ課題に直面した際に，進路選択において何を重視するか，どのような進路を希望するのか，自他の違いが際立って捉えられ，自己理解が深まると考えられる。このような存在からのサポートが得られると認知するほど，進路選択における自己理解への脅威度の認知が軽減され，不安が低減されると考えられる。

　進路選択に関するサポート資源の活用に関しては，「職業理解不安」から「友人の活用」に正の影響が示された。友人は先述したとおり，進路選択という同じ課題に直面していることから，進路に関する情報を，ある程度収集して，保持している存在であると考えられる。また，先行研究で示されているように，友人は専門機関よりも利用しやすいサポート資源である（たとえば，木村・水野，2004）。これらから，就職課ほど専門的知識がなくとも，職業に関する情報をある程度，持っていて，相談しやすい友人資源を活用することで，職業理解に関する不安に対処していると考えられる。

　一方で，「自己理解不安」から「父親への活用」，「大学教員への活用」，「インターネットの活用」へ負の影響が示された。自身が将来の進路において何をやりたいか分からない場合，これらの資源を用いることが困難になると推察される。この結果は，Cohen & Wills（1985）のモデルから導かれる，問題が生じたときにサポート資源を活用して対処が行われるという仮説とは異なる結果である。これは，元々 Cohen & Wills（1985）のモデルはストレッサーを想定したモデルであったため，異なる結果となったと考えられる。このことから，不安に直面した際には，必ずしも解決志向的な対処が行われ

88　第2部　実証的研究

るだけではなく，有効な対処から回避してしまうことが示唆された。

　次にサポート資源の活用と進路未決定の関連について検討する。まず，「友人の活用」は「模索」を促していた。友人はともに進路について悩む存在であり，そのような存在に相談することは自身の進路探索行動を始めるきっかけになったり，モチベーションの喚起につながる可能性がある。また，就職活動の文脈における研究ではあるものの，友人からのサポートは就職活動の順調さとは直接結びつかないが，就職活動の継続を支える機能があることが指摘されており（中島・無藤，2007；下村，2005；下村・堀，2004），進路選択における模索もこのようなサポートの機能のもとで，継続されるのかもしれない。

　また，「父親の活用」は「決定」に正の影響を及ぼしていた。父親は職業生活を長く経験している身近な社会人のモデルであるため，そのサポートには説得力があり，自身の進路の方向性の決定につながると考えられる。

　「大学教員の活用」は「混乱」を抑制していた。大学教員もまた社会人のモデルになりうる存在であると同時に，これまでの学生との関わりの中で，進路に関する相談を受けた経験を持っている可能性がある。大学教員は学生にとって父親ほど身近な存在ではなく，その職業の特殊さから教員自身の経験が学生の進路決定に参考にできない側面もあり，進路決定を直接促すことはないのだろう。しかし，大学教員は，これまで指導してきた学生との関わりの中で培ってきた進路相談の経験により，進路選択に関する情緒的な混乱状況を落ち着かせることができる可能性がある。

　「インターネットの活用」は「猶予」を低減し，「決定」を促していたが，同時に「混乱」も促進していた。インターネットは個人用 PC やスマートフォンの普及に伴い，すぐに利用できる手軽なツールである。そのため，即時的に進路探索行動を開始でき，進路探索行動の先延ばしである「猶予」を低減すると考えられる。また，インターネットでは進路や職業に関する様々な情報に触れることができる。その過程で自身の目指す進路の方向性を決定す

ることができるのかもしれない。これらの結果は，就職活動における就職サイトの利用が就職活動の順調さと負の関連があることを示した下村（2001）や下村・堀（2001）とは異なる結果であり，就職活動より早期の進路選択過程におけるインターネット利用の有効性が示された知見であるといえる。一方で，インターネットで得られる情報は膨大であることから，情報の取捨選択が困難な場合もあり，そのようなとき「混乱」が助長される可能性がある。「混乱」に関しては同様の結果が下村・堀（2001）においても指摘されており，インターネットを通して重要でない情報や無関連な情報を含む非常に多くの情報に触れることで，進路選択過程が混乱してしまう可能性がある。

　その他，先行研究の指摘通り，不安は進路未決定に直接的にも悪影響を与えていたが，「職業理解不安」は進路の模索を促すというポジティブな影響がみられた。不安は必ずしもネガティブな影響だけでなく，ポジティブに働くことが示されたことから，不安をアセスメントし，低減すべき不安とそうすべきではない不安を見極めることの重要性が示唆された。

⑵　CAVT との関連について

　共分散構造分析の結果，サポート資源のうち「友人の認知」が「自己理解不安」を低減していたこと，「職業理解不安」が「友人の活用」を促進し，「自己理解不安」が「大学教員の活用」と「インターネットの活用」を抑制していたことに関しては，進路未決定の項で論じた通りである。

　サポート資源の活用の対処的側面については，友人資源，大学教員資源，インターネット資源のいずれを活用することも，自身の将来のキャリアに向けての行動を起こさせ，将来のビジョンをより明確にしていた。

　友人に相談することは進路の模索につながっていたことから「アクション」が高まると考えられる。また，友人に自身の進路に関する悩みを語ることを通して，今まで漠然とイメージしていた将来が明確なビジョンに変化していく可能性がある。大学教員のサポートを活用することは進路未決定の

90 第2部 実証的研究

「混乱」を抑制していた。混乱状況から抜け出ることによって，進路選択に向き合うことが可能になる。その結果として，キャリアに関する行動を起こすことができるようになり，同時に将来のビジョンをより明確に描けるようになると推察される。また，インターネットを活用することに関しては，インターネットを通して進路に関する様々な情報に触れることで，将来へのビジョンがより固まっていくと考えられる。同時に，インターネットは学外の異質な人々とつながることができるツールでもある。学外の活動に関する情報を得ることも可能であろう。そのため，インターネットを活用することは将来に向けての積極的な活動に結び付くと推察される。

第3節 研究4 就職活動中のサポート資源が就職活動不安および活動量，就職活動中の精神的健康に及ぼす影響

1．目的

　研究4の目的は，就職活動中のサポート資源の認知および活用が，就職活動に伴う不安や就職活動のパフォーマンス，就職活動中の精神的健康とどのような関連を持つか検討することである。具体的には，①就職活動中のサポート資源の認知が就職活動不安を予防的に低減すること，②就職活動不安への対処として就職活動中のサポート資源が活用され，就職活動不安の就職活動のパフォーマンスと就職活動中の精神的健康への悪影響を緩和することを明らかにする（Figure 5-4）。

　就職活動中の精神的健康の指標には，「精神的不調」と「状態自尊感情」を取り上げる。「特性自尊感情」ではなく，「状態自尊感情」を取り上げた理由は，「状態自尊感情」の方がより明確に就職活動中の精神的健康を反映すると考えられたためである。なお，回顧法による回答の歪みが生じないよう，研究4では就職活動中の学生を対象に調査を実施する。

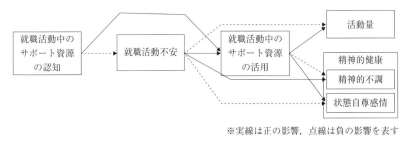

Figure 5-4　研究 4 の分析モデル

2．方法

調査対象者

　企業への就職活動を開始していた関東圏の国立大学 2 校，私立大学 6 校，東海地方の私立大学 1 校の大学 3 年生56名（男性：19名，女性：37名）および大学院修士課程 1 年生 9 名（男性： 7 名，女性： 2 名）の合計65名（男性：26名，女性：39名）から回答を得た。調査対象者の平均年齢は21.34歳（$SD=1.08$）であった。

調査時期および調査手続き

　2011年11月下旬〜12月下旬に質問紙を大学の講義時間や，サークル・学生団体などの課外活動中に配布し，回答を求めた。

調査内容

(1)　デモグラフィック変数

　学年，年齢，性別，専門分野（文系・理系）の記入を求めた。

(2)　活動量

　就職活動の客観的なパフォーマンスを測定する指標として，就職活動の活動量を尋ねた。活動量は，先行研究（下村・木村，1997など）を参考に，「企業への資料請求」，「会社説明会への参加」，「企業へのプレエントリー」，「エントリーシートの提出」，「筆記試験」，「面接試験」の回数を尋ねることによ

92 第2部 実証的研究

って測定した。

⑶ **就職活動中のサポート資源活用尺度**

研究2で作成した，資源ごとにサポートを実際に活用した程度を測定する尺度である。9下位尺度27項目から構成され，「全くしなかった⑴」から「かなりした⑸」の5件法で回答を求めた。

⑷ **就職活動中のサポート資源認知尺度**

研究2で作成した，資源ごとにサポートの活用可能性を認知した程度を測定する尺度である。9下位尺度27項目からなり，「全くあてはまらない⑴」から「とてもあてはまる⑸」の5件法で回答を求めた。

⑸ **就職活動不安尺度**

松田・永作・新井（2010）によって作成された，就職活動に関する不安を測定する尺度であり，20項目から構成される。「アピール不安」，「サポート不安」，「活動継続不安」，「試験不安」，「準備不足不安」の5因子構造であるが，本研究では20項目全体を「就職活動不安」として扱った。「全くあてはまらない⑴」から「とてもあてはまる⑸」の5件法で回答を求めた。

⑹ **K10日本語版調査票**

古川・大野・宇田・中根（2003）によって作成された，精神的不調を測定する尺度である。10項目から構成される。「全くない⑴」，から「いつも⑸」の5件法で回答を求めた。

⑺ **状態自尊感情尺度**

阿部・今野（2007）によって作成された，状態自尊感情を測定する尺度であり，9項目から構成される。「あてはまらない⑴」から「あてはまる⑸」の5件法で回答を求めた。

なお，質問紙には他にも質問項目が含まれていたが，本研究の分析には用いられなかった。

倫理的配慮

フェイスシートに調査への協力は自由意思に基づくこと，質問紙の提出後

第5章 サポート資源の認知と活用が進路選択と就職活動に及ぼす影響 93

も回答を撤回することができること，調査に回答しないことによって不利益
を被ることはないことを明記した。なお，本研究は筑波大学人間総合科学研
究科研究倫理委員会の承認を得て，実施された。

3．結果

⑴ 基本統計量と α 係数，就職活動不安および活動量，就職活動中の精神的健康間の相関係数

各尺度に含まれる項目を合計し，項目数で割った値を各尺度得点とした。
なお，活動量に関しては，各活動の回数を標準化した上で合計し，得点とし
た。各下位尺度の平均値，標準偏差，Cronbach の α 係数，就職活動不安お
よび活動量，就職活動中の精神的健康間の相関係数を Table 5-5，Table 5-6

Table 5-5　就職活動中のサポート資源の基本統計量と α 係数

	平均	SD	α
就活をしている友人の活用	3.64	0.99	.81
就活をしていない友人の活用	2.42	1.30	.89
先輩の活用	3.53	1.23	.89
父親の活用	2.11	1.13	.83
母親の情緒的活用	2.36	1.30	.91
母親の道具的活用	2.09	1.09	.80
就職課の活用	1.91	0.89	.64
就職サイトの活用	3.89	0.92	.81
就職本の活用	2.59	1.21	.83
就活をしている友人の認知	3.89	0.94	.87
就活をしていない友人の認知	3.29	1.37	.94
先輩の認知	3.81	1.23	.95
父親の認知	2.87	1.26	.87
母親の情緒的認知	3.65	1.26	.92
母親の道具的認知	2.61	1.20	.81
就職課の認知	3.81	1.11	.88
就職サイトの認知	4.23	0.80	.92
就職本の認知	4.07	0.86	.84

94　第2部　実証的研究

Table 5-6　就職活動不安，活動量，就職活動中の精神的健康の基本統計量，α係数，相関係数

		平均	SD	α	相関係数			
					①	②	③	④
①	就職活動不安	3.38	0.84	.94	—	.21	.47**	- .30*
②	活動量	- 0.26	3.75	.71		—	.21	.08
③	精神的不調	2.00	0.88	.93			—	- .58**
④	状態自尊感情	3.31	0.94	.92				—

*$p < .05$, **$p < .01$

に示す。α係数は「就職課の認知」が$α = .64$とやや低い値を示したが，その他の下位尺度に関しては$α = .71-.95$であり，本研究で用いた尺度はおおむね一定の内的一貫性を備えているといえる。相関に関しては，「就職活動不安」は「精神的不調」との間に有意な中程度の正の相関を，「状態自尊感情」と有意な弱い負の相関を示した。また，「精神的不調」と「状態自尊感情」の間に有意な中程度の負の相関がみられた。

(2)　就職活動中のサポート資源の認知および活用と就職活動不安，活動量，就職活動中の精神的健康間の相関係数

　就職活動中のサポート資源の認知および活用と就職活動不安，活動量，就職活動中の精神的健康間の相関係数を算出した（Table 5-7）。「就職活動不安」と「就活をしていない友人の活用」，「母親の情緒的活用」，「母親の道具的活用」との間に有意な弱い正の相関，「先輩の認知」との間に有意な弱い負の相関が示された。また，「活動量」とは「就活サイトの活用」が有意な中程度の正の相関を持っていた。さらに，「母親の情緒的活用」と「就職課の活用」以外のサポート資源の活用の変数と「就活本の認知」が「活動量」と有意な弱い正の相関を持っていた。「精神的不調」とは「先輩の認知」が有意な弱い負の相関を示した。「状態自尊感情」に関しては，「就活をしている友人の活用」，「就活をしている友人の認知」，「先輩の活用」，「先輩の認

第5章　サポート資源の認知と活用が進路選択と就職活動に及ぼす影響　　95

Table 5-7　就職活動中のサポート資源と就職活動不安，活動量，
就職活動中の精神的健康との相関係数

	就職活動 不安	活動量	精神的不調	状態 自尊感情
就活をしている友人の活用	.01	.28*	− .13	.28*
就活をしている友人の認知	− .13	.20	− .20	.26*
就活をしていない友人の活用	.23*	.27*	.16	.04
就活をしていない友人の認知	.04	.10	− .19	.18
先輩の活用	− .06	.30*	− .23	.32**
先輩の認知	− .25*	.18	− .39**	.34**
父親の活用	.18	.35**	.08	.09
父親の認知	− .05	.15	− .19	.18
母親の情緒的活用	.29*	.15	.28	.24
母親の情緒的認知	− .02	− .02	− .06	− .09
母親の道具的活用	.32**	.32**	.12	.02
母親の道具的認知	.10	.23	− .04	.15
就職課の活用	.02	− .16	.12	− .05
就職課の認知	.02	.16	− .13	.08
就職サイトの活用	.09	.43**	.02	.16
就職サイトの認知	.02	.20	− .08	.08
就活本の活用	.14	.31*	.01	.20
就活本の認知	.06	.27*	− .06	.12

*$p < .05$, **$p < .01$

知」が有意な弱い正の相関を示した。

(3)　**就職活動中のサポート資源の認知および活用が就職活動に及ぼす影響**
　①就職活動中のサポート資源の認知が就職活動不安を低減し，就職活動中のサポート資源の活用を促す，②就職活動中のサポート資源の活用は就職活動不安への対処として用いられ，就職活動不安による活動量や就職活動中の精神的健康への悪影響を緩和するというモデルを検討するために，共分散構

96　第 2 部　実証的研究

造分析を実施した。なお，研究 3 と同様の理由から線形性を前提とした分析が可能であると考えられる。

　具体的には，第 1 水準に「就職活動中のサポート資源の認知」，第 2 水準に「就職活動不安」，第 3 水準に「就職活動中のサポート資源の活用」，第 4 水準に「活動量」と「精神的不調」，「状態自尊感情」を設定したモデルを検討した。また，このモデルでは第 1 水準の「就職活動中のサポート資源の認知」から第 2 水準の「就職活動不安」と第 3 水準の各認知尺度の下位尺度に対応する活用尺度の下位尺度へのパス，第 2 水準の「就職活動不安」から第 3 水準の「就職活動中のサポート資源の活用」，第 4 水準の「活動量」，「精神的不調」，「状態自尊感情」へのパス，第 3 水準の「就職活動中のサポート資源の活用」から第 4 水準の「活動量」，「精神的不調」，「状態自尊感情」へのパスを仮定した。なお，第 1 水準に含まれる変数間には相関を，第 3 水準に含まれる変数と第 4 水準の抑うつと状態自尊感情に関しては，各水準内の誤差変数間に相関を仮定している。

　有意ではないパスや第 4 水準に含まれる「活動量」，「精神的不調」，「状態自尊感情」と関連がない変数を削除して再分析し，最終的に Figure 5-5 のモデルが得られた。このモデルの適合度は，GFI = .96，AGFI = .90，CFI = 1.00，RMSEA = .00であり，十分にデータと適合したモデルであるといえる。

　まず，就職活動中のサポート資源の認知については，「先輩の認知」が「就職活動不安」に対して負の影響を及ぼしており，「就職活動不安」の「精神的不調」と「状態自尊感情」への悪影響を緩和していた。また，就職活動中のサポート資源の認知は対応する各サポート資源の活用に正の影響を示していた。

　サポート資源の活用の対処的側面については，「就職活動不安」が「先輩の活用」，「父親の活用」に正の影響を及ぼしており，「先輩の活用」は「活動量」と「状態自尊感情」に，「父親の活用」は「活動量」に正の影響を与

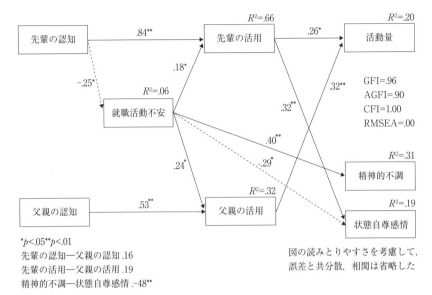

Figure 5-5 共分散構造分析の結果

えていた。

また,「就職活動不安」は直接的に「精神的不調」を増悪させ,「状態自尊感情」を低減していた。

4. 考察

研究4の目的は,就職活動中のサポート資源の認知が就職活動不安を予防的に低減すること,および就職活動不安への対処として就職活動中のサポート資源が活用され,就職活動不安の就職活動のパフォーマンスと就職活動中の精神的健康への悪影響を緩和することを明らかにすることであった。

共分散構造分析の結果,就職活動中のサポート資源の認知のうち「先輩の認知」が就職活動不安を低減しており,間接的に就職活動中の精神的不調や自尊感情への悪影響を緩和するといった予防的機能がみられた。先輩は就職活動を経験してきたモデルであるため,先輩からの情報によって就職活動へ

の対処法を学ぶことや就職活動の見通しを得ることができる。そのようなサポートを利用できると思える環境にあることが，就職活動への対処可能性の認知を高め，就職活動不安を低減すると考えられる。

就職活動中のサポート資源の活用に関しては，就職活動不安から「先輩の活用」，「父親の活用」に対して，正の影響が示された。就職活動に関する不安に対して，これらのサポート資源を活用して対処していると考えられる。

「先輩の活用」は活動量と自尊感情に良好な影響を及ぼしていた。先輩は就職活動の経験者であるため，先輩からは具体的な就職活動の進め方に関する情報を得られ，就職活動によりスムーズに取り組めるようになると考えられる。また，就職活動の進め方に関する情報を得ることによって，活動に対する効力感が育まれ，自尊感情が高められた可能性がある。同時に就職活動に関する不安は自尊感情を損なうことも示されたが，先輩から得られるサポートを活用するといった対処によって，その悪影響を緩和できることが明らかになった。

また，「父親の活用」も活動量を促進していた。多くの父親は職業生活を長く経験しているため，父親からのサポートは職業生活の経験に裏打ちされたリアリティを備えたものとなる可能性が高い。そのようなサポートに触れることで，就職活動に関する計画がより現実に即したものとなり，実際の活動に繋がっていくと推察される。また，研究3では父親のサポートを活用することが進路決定に結びついていた。父親のサポートによって，将来進むべき方向性が明確になるため，実際の活動量も増えていく可能性がある。

第4節　研究3と研究4のまとめ

研究3と研究4を通して，進路選択と就職活動において有効なサポート資源が明らかになった。進路選択に関しては，「友人の認知」が進路選択不安に対して予防的に働きかけること，「友人の活用」が不安への対処として用

いられることが明らかになった。また，仮説とは異なり，「父親の活用」，「大学教員の活用」，「インターネットの活用」は不安によって抑制されることが示された。そして，これらの資源が活用されると，進路決定およびキャリア意識に良好な影響を及ぼすことが明らかになった。

　また，就職活動に関しては，「先輩の認知」が就職活動不安に対して予防的に働きかけること，「先輩の活用」と「父親の活用」が就職活動不安への対処として用いられると活動量および就職活動中の精神的健康に良好な影響を及ぼすことが示された。

第6章　進路選択に関するサポート資源の促進・抑制要因に関する検討（研究5・研究6）

第1節　研究5と研究6の目的

　研究5では，研究3で明らかになった有効な進路選択に関するサポート資源のうち友人，大学教員，インターネットに着目して，その促進要因と抑制要因について検討を行う。具体的には研究5-1で促進要因として援助要請スキルを，研究5-2では促進要因および抑制要因として援助要請スタイルを，研究5-3では抑制要因として小集団閉鎖性を取り上げる。

　援助要請スキルは，援助要請行動を有効に遂行するための社会的スキルである。家族に対する援助要請行動は援助要請行動と捉えられない場合があること（脇本，2008）を踏まえ，援助要請スキルを，研究3で有効性が示されたサポート資源のうち父親を除いた，友人，大学教員，インターネットといった資源の促進要因として検討を行う。また，援助要請スタイルは，援助要請の実行に至るまでの過程における個人差である。どのようなスタイルが，進路選択におけるサポート資源の認知と活用を促し，抑制するのか明らかにする。なお，脇本（2008）の指摘に基づき，援助要請スタイルとの関連も父親以外の資源との関連を検討する。援助要請スキルおよび援助要請スタイルを取り上げた理由は，介入可能な要因であるためである。

　小集団閉鎖性は「小集団内の共行動を優先し，他の小集団のメンバーと積極的につきあおうとしない態度」（吉村，2004）であり，大学における友人関係の持ち方や生活の過ごし方に反映される態度である。このような限定的な場や関係性に閉ざされた生活の過ごし方は，自分とは異なる存在との出会い

を減少させ，進路に関する悩みを抱えたとしても多様なサポート資源を認知し，活用することが難しくなる。先述の通り，大学生活の過ごし方に関して示唆を与える概念であるため，父親以外の資源との関連を検討する。

また，研究6では，研究3で明らかになった有効なサポート資源のうち父親に着目して，その促進要因と抑制要因について検討を行う。具体的には両親の職業への態度認知を，その促進要因および抑制要因として取り上げる。両親の職業への態度認知とは学生が認知した，両親の仕事や生き方，子どもの進路についての態度である。

第2節　研究5-1　援助要請スキルが進路選択に関するサポート資源の認知と活用に及ぼす影響

1．目的

研究5-1では進路選択に関するサポート資源の認知および活用の促進要因として援助要請スキルを取り上げ検討することを目的とする。先述の通り，研究5-1では友人，大学教員，インターネットに着目する。

2．方法

調査対象者

関東圏の公立大学1校，私立大学1校，東北地方の私立大学1校の大学2-4年生213名（男性＝103名，女性＝109名，不明＝1名）から回答を得た。調査対象者の平均年齢は19.84歳（$SD=0.97$）であった。

調査時期および調査手続き

2014年6月-7月に，質問紙を大学の講義時間に配布し，回答を求めた。

調査内容

⑴ デモグラフィック変数

学年，年齢，性別，専門分野（文系・理系）の記入を求めた。

⑵ 進路選択に関するサポート資源活用尺度

研究1で作成した，資源ごとにサポートを実際に活用した程度を測定する尺度である。8下位尺度24項目から構成されているが，本研究ではそのうちの「友人からのサポートの活用」（以下，「友人の活用」），「大学教員からのサポートの活用」（以下，「大学教員の活用」），「インターネットの活用」の9項目を使用した。「全くあてはまらない⑴」から「とてもあてはまる⑸」の5件法で回答を求めた。

⑶ 進路選択に関するサポート資源認知尺度

研究1で作成した，資源ごとにサポートの活用可能性を認知した程度を測定する尺度である。8下位尺度24項目から構成されているが，本研究ではそのうちの「友人からのサポートの認知」（以下，「友人の認知」），「大学教員からのサポートの認知」（以下，「大学教員の認知」），「インターネットのサポート資源としての認知」（以下，「インターネットの認知」）の9項目を使用した。「全くあてはまらない⑴」から「とてもあてはまる⑸」の5件法で回答を求めた。

⑷ 援助要請スキル尺度

本田・新井・石隈（2010）において作成された援助要請スキル尺度を使用した。本尺度は有効に援助要請を行うスキルを測定する尺度である。「適切な援助者の選択」，「援助要請の方法」，「相手に伝える内容」の3つの下位概念を含んでいるが，因子間相関が高いことから，1因子構造の尺度とされている。本研究では，実践への示唆を重視するため，1因子構造ではなく，3つの下位概念ごとに下位尺度を構成し，分析を行った。「適切な援助者の選択」は，適切な援助を提供してくれそうな相手を選択するスキル，「援助要請の方法」は，多様な方法で援助要請を行うスキル，「相手に伝える内容」

104　第2部　実証的研究

は，適切に援助を受けることができるような内容を相手に伝えるスキルである。本尺度は17項目から構成され，「あてはまらない(1)」から「あてはまる(4)」の4件法で回答を求めた。

倫理的配慮

フェイスシートに調査への協力は自由意思に基づくこと，質問紙の提出後も回答を撤回することができること，調査に回答しないことによって不利益を被ることはないことを明記した。なお，本研究は筑波大学人間系研究倫理委員会の承認を得て，実施された。

3．結果

(1)　基本統計量とα係数，下位尺度間の相関係数

各尺度の下位尺度ごとに加算平均を求め，下位尺度得点とした。平均値，標準偏差，α係数，下位尺度間の相関係数を Table 6-1 に示す。α係数は$\alpha = .76 - .97$であり，本研究で用いた尺度は一定の内的一貫性を備えているといえる。

下位尺度間の相関係数に関しては，友人資源と大学教員資源間，援助要請スキルの下位尺度間，友人資源および大学教員資源と援助要請スキルの下位

Table 6-1　基本統計量とα係数，下位尺度間の相関係数

| | | 平均値 | SD | 得点範囲 | α係数 | 相関係数 | | | | | | | | |
						①	②	③	④	⑤	⑥	⑦	⑧	⑨
①	友人の活用	3.38	1.16	1〜5	.82	—	.57**	.28**	.19**	.10	.12	.26**	.41**	.35**
②	友人の認知	3.87	1.00	1〜5	.94		—	.16*	.26**	.05	.20**	.62**	.51**	.50**
③	大学教員の活用	2.13	1.19	1〜5	.85			—	.64**	.08	.05	.16*	.19**	.26**
④	大学教員の認知	2.49	1.32	1〜5	.97				—	.14*	.17*	.23**	.19**	.21**
⑤	インターネットの活用	3.98	1.10	1〜5	.91					—	.53**	.01	.00	.05
⑥	インターネットの認知	4.34	0.76	1〜5	.93						—	.10	.15*	.10
⑦	適切な援助者の選択	3.17	0.66	1〜4	.87							—	.61**	.63**
⑧	援助要請の方法	2.83	0.71	1〜4	.76								—	.69**
⑨	相手に伝える内容	3.02	0.64	1〜4	.89									—

*$p < .05$, **$p < .01$

第6章　進路選択に関するサポート資源の促進・抑制要因に関する検討　　105

尺度間すべてで有意な正の相関がみられた。また，「インターネットの活用」は「大学教員の認知」，「インターネットの認知」と有意な正の相関を，「インターネットの認知」は「友人の認知」，「大学教員の認知」，「援助要請の方法」と有意な正の相関を示した。

(2)　援助要請スキルの進路選択に関するサポート資源の認知と活用に及ぼす影響

　次に援助要請スキルが「友人の活用」，「大学教員の活用」，「インターネットの活用」および「友人の認知」，「大学教員の認知」，「インターネットの認知」に及ぼす影響を検討するために共分散構造分析を実施した。第1水準に援助要請スキルの3下位尺度を，第2水準に「友人の認知」，「大学教員の認知」，「インターネットの認知」を，第3水準に「友人の活用」，「大学教員の活用」，「インターネットの活用」を設定したモデルを構成し，第1水準に含まれる変数から第2水準，第3水準に含まれる変数へ，第2水準に含まれる変数から第3水準に含まれる変数へパスを仮定した。なお，第1水準に含まれる変数間には相関を，第2，3水準に含まれる変数に関しては，各水準内の誤差変数間に相関を仮定している。

　有意でなかったパスを削除しながら繰り返し分析を行ったところ，最終的に Figure 6-1 のモデルが得られた。このモデルの適合度は GFI = .98，AGFI = .94，CFI = .99，RMSEA = .04であり，十分に基準を満たす数値が示された。

　まず，「援助要請の方法」は「友人の認知」に正の影響を与え，間接的に「友人の活用」を高めていた。また，直接的にも「友人の活用」に正の影響を及ぼしていた。さらに，「援助要請の方法」は「インターネットの認知」対しては有意傾向ではあるものの正の影響を与えており，間接的に「インターネットの活用」を高めていた。

　また，「適切な援助者の選択」は「友人の認知」に正の影響を及ぼしてお

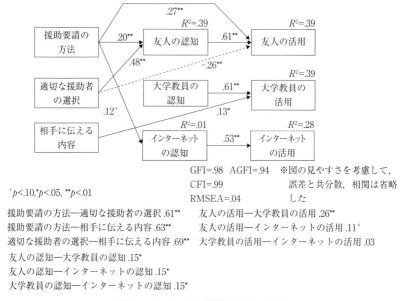

Figure 6-1 共分散構造分析の結果

り,間接的に「友人の活用」を高めていたが,直接的には負の影響を与えていた。そして,「相手に伝える内容」は直接的に「大学教員の活用」に正の影響を及ぼしていた。

4. 考察

研究5-1では進路選択に関するサポート資源の活用および認知の促進要因として援助要請スキルを取り上げ,特にサポート資源の中でも友人,大学教員,インターネットとの関連を検討することを目的とした。

友人については「友人の認知」が「援助要請の方法」と「適切な援助者の選択」から正の影響を受けていた。また,「友人の活用」が「援助要請の方法」から正の影響を,「適切な援助者の選択」から負の影響を受けていた。

まず,「援助要請の方法」については,援助要請の手段に関するレパート

リーが多く，いろいろなチャンネルを通してサポートを求めることができるほど，友人へのサポートの活用可能性を高く認知し，実際に活用できると推察される。また，「適切な援助者の選択」については，友人からのサポートの活用可能性の認知を高めるが，実際にはそのサポートを活用しないという，一見矛盾した結果であった。この結果に関しては，次のように考えることができる。まず，自身の問題を解決するための資源を適切に選択することができるほど，同年代であり進路に関する悩みを共有している可能性が高い友人のサポートを活用できると認知する。しかし，友人は悩みを共有しているが，進路に関する問題についての効果的な対処法を持っているとは言い難い。そのため，適切な援助者を選択できるスキルがあるほど，より問題解決に有効な資源を選択することができるため，実際には友人からのサポートは活用しない可能性がある。しかし，本研究の結果では，「適切な援助者の選択」の他の資源への有意なパスは確認されていない。今後より詳細な検討が求められる。

　大学教員については「大学教員の活用」が「相手に伝える内容」から正の影響を受けていた。大学教員は学生から見て，友人や先輩，家族ともまったく違う異質な存在である。そのため，自身の悩みを理解してくれるかわからない存在に，自身の悩みの内容を適切に理解してもらうことが重要になると学生は捉える可能性が高い。このことから自身の悩みの内容について，適切に伝えられるスキルが高いことが大学教員からのサポートの活用につながると推察される。

　インターネットについては「インターネットの認知」が「援助要請の方法」から有意傾向ではあるものの，正の影響を受けていた。援助要請の方法を幾通りも考えることができるほど，人的資源への援助要請以外の方法にも発想が及び，インターネットのような人的資源以外の資源も活用可能であると認知するのかもしれない。

108　第2部　実証的研究

第3節　研究5-2　援助要請スタイルが進路選択に関する
　　　　　サポート資源の認知と活用に及ぼす影響

1．目的

　研究5-2では進路選択に関するサポート資源の認知および活用の促進・抑制要因として援助要請スタイルを取り上げ検討を行うことを目的とする。先述の通り，研究5-2では友人，大学教員，インターネットに着目する。

2．方法

調査対象者

　関東圏の公立大学1校，私立大学1校，東北地方の私立大学1校の大学2-4年生213名（男性＝103名，女性＝109名，不明＝1名）から回答を得た。調査対象者の平均年齢は19.84歳（$SD=0.97$）であった。なお，調査対象者は研究5-1と同一である。

調査時期および調査手続き

　2014年6月-7月に，質問紙を大学の講義時間に配布し，回答を求めた。

調査内容

（1）デモグラフィック変数

　学年，年齢，性別，専門分野（文系・理系）の記入を求めた。

（2）進路選択に関するサポート資源活用尺度

　研究1で作成した，資源ごとにサポートを実際に活用した程度を測定する尺度である。8下位尺度24項目から構成されているが，本研究ではそのうちの「友人からのサポートの活用」（以下，「友人の活用」），「大学教員からのサポートの活用」（以下，「大学教員の活用」），「インターネットの活用」の9項目を使用した。「全くあてはまらない(1)」から「とてもあてはまる(5)」の

5件法で回答を求めた。

⑶ 進路選択に関するサポート資源認知尺度

研究1で作成した，資源ごとにサポートの活用可能性を認知した程度を測定する尺度である。8下位尺度24項目から構成されているが，本研究ではそのうちの「友人からのサポートの認知」（以下，「友人の認知」），「大学教員からのサポートの認知」（以下，「大学教員の認知」），「インターネットのサポート資源としての認知」（以下，「インターネットの認知」）の9項目を使用した。「全くあてはまらない⑴」から「とてもあてはまる⑸」の5件法で回答を求めた。

⑷ 援助要請スタイル尺度

永井（2013）が作成した，援助要請の実行に至るまでの過程におけるスタイルを測定する尺度である。自身での問題解決が困難なときのみ援助要請を行う「援助要請自立型」，問題の程度に関わらず他者に援助を求める「援助要請過剰型」，問題の程度に関わらず他者に援助を求めない「援助要請回避型」の3下位尺度12項目から構成され，後述する手続きによって，調査対象者を下位尺度に対応した3つの援助要請スタイルに分類することができる。「まったくあてはまらない⑴」から「よくあてはまる⑺」の7件法で回答を求めた。

倫理的配慮

フェイスシートに調査への協力は自由意思に基づくこと，質問紙の提出後も回答を撤回することができること，調査に回答しないことによって不利益を被ることはないことを明記した。なお，本研究は筑波大学人間系研究倫理委員会の承認を得て，実施された。

3．結果

⑴ 基本統計量とα係数，下位尺度間の相関係数

各尺度の下位尺度ごとに加算平均を求め，下位尺度得点とした。平均値，

110　第2部　実証的研究

Table 6-2　基本統計量とα係数，下位尺度間の相関係数

		平均値	SD	得点範囲	α係数	相関係数								
						①	②	③	④	⑤	⑥	⑦	⑧	⑨
①	友人の活用	3.38	1.16	1~5	.82	—	.57**	.28**	.19**	.10	.12	-.01	.34**	-.35**
②	友人の認知	3.87	1.00	1~5	.94		—	.16*	.26**	.05	.20**	.11	.26**	-.35**
③	大学教員の活用	2.13	1.19	1~5	.85			—	.64**	.08	.05	.13	.14*	-.13
④	大学教員の認知	2.49	1.32	1~5	.97				—	.14*	.17*	.14*	.09	-.18*
⑤	インターネットの活用	3.98	1.10	1~5	.91					—	.53**	.06	.00	-.03
⑥	インターネットの認知	4.34	0.76	1~5	.93						—	.11	-.04	-.04
⑦	援助要請自立型	5.02	1.19	1~7	.83							—	-.27**	.00
⑧	援助要請過剰型	3.57	1.65	1~7	.93								—	-.52**
⑨	援助要請回避型	3.28	1.40	1~7	.86									—

*$p < .05$, **$p < .01$

標準偏差，α係数，下位尺度間の相関係数をTable 6-2に示す。α係数はα = .82-.97であり，本研究で用いた尺度は一定の内的一貫性を備えているといえる。

　次に下位尺度間の相関係数の結果について述べる。まず，進路選択に関するサポート資源間では，友人資源と大学教員資源間すべてで有意な正の相関がみられた。また，「インターネットの活用」は「大学教員の認知」，「インターネットの認知」と有意な正の相関を，「インターネットの認知」は「友人の認知」，「大学教員の認知」と有意な正の相関を示した。援助要請スタイル間では，「援助要請過剰型」が「援助要請自立型」および「援助要請回避型」と有意な負の相関を持っていた。進路選択に関するサポート資源と援助要請スタイル間では，「友人の活用」および「友人の認知」と「援助要請過剰型」間で有意な正の相関が，「援助要請回避型」間で有意な負の相関がみられた。また，「大学教員の活用」と「援助要請過剰型」間で有意な正の相関が，「大学教員の認知」と「援助要請自立型」間で有意な正の相関，「援助要請回避型」間で有意な負の相関が示された。

⑵　各援助要請スタイルへの分類

　次に援助要請スタイルの各得点をもとに調査対象者の分類を行った。分類は永井（2013）の手続きに従って行った。具体的には，「援助要請自立型」の得点が4点以上であり，かつ残りの2つの下位尺度得点よりも高い群を「援助要請自立群」とした。「援助要請過剰型」と「援助要請回避型」の得点に対しても同様の手続きをとり，それぞれ「援助要請過剰群」，「援助要請回避群」とした。なお，調査対象者のうち15名はいずれの条件にもあてはまらなかったため，以後の分析では除外された。

　分類の手続きの妥当性を確認するため，援助要請スタイルによる群を独立変数とし，群分けに使用した援助要請スタイル尺度の下位尺度を従属変数とする一要因分散分析を行った。その結果，各群において，対応する援助要請スタイル尺度の下位尺度の平均値が，他の2群よりも有意に高く，分類の妥当性が確認された（Table 6-3）。

Table 6-3　援助要請スタイルによる群分けの妥当性を確認するための1要因分散分析の結果

		援助要請自立群 $N=126$	援助要請過剰群 $N=50$	援助要請回避群 $N=22$	F 値	多重比較（Tukey 法）
援助要請自立型	M	5.67	3.94	3.78	$F=102.92^{**}$	援助要請自立群＞援助要請過剰群，援助要請回避群
	SD	0.69	0.97	1.24		
援助要請過剰型	M	2.98	5.63	2.27	$F=114.50^{**}$	援助要請過剰群＞援助要請自立群＞援助要請回避群
	SD	1.25	0.79	1.09		
援助要請回避型	M	3.17	2.48	5.55	$F=63.53^{**}$	援助要請回避群＞援助要請自立群＞援助要請過剰群
	SD	1.13	0.96	0.94		

$^{**}p<.01$

⑶　援助要請スタイルの進路選択に関するサポート資源の認知と活用に及ぼす影響

　次に援助要請スタイルが「友人の活用」，「大学教員の活用」，「インターネットの活用」および「友人の認知」，「大学教員の認知」，「インターネットの認知」に及ぼす影響を検討するために，援助要請スタイルを独立変数とし，

112 第2部 実証的研究

Table 6-4 援助要請スタイルを独立変数とした1要因分散分析の結果

		援助要請自立群 $N=126$	援助要請過剰群 $N=50$	援助要請回避群 $N=22$	F 値	多重比較（Tukey法）
友人の活用	M	3.37	3.83	2.48	$F=11.87^{**}$	援助要請過剰群＞ 援助要請自立群＞援助要請回避群
	SD	1.06	1.02	1.30		
友人の認知	M	3.94	4.03	3.18	$F=6.92^{**}$	援助要請過剰群, 援助要請自立群＞ 援助要請回避群
	SD	0.91	0.89	1.25		
大学教員の活用	M	2.18	2.35	1.61	$F=3.03^{\dagger}$	援助要請過剰群, 援助要請自立群＞ 援助要請回避群
	SD	1.22	1.20	0.95		
大学教員の認知	M	2.58	2.55	2.14	$F=1.09$	*n.s.*
	SD	1.36	1.24	1.26		
インターネットの活用	M	4.03	3.92	3.98	$F=0.17$	*n.s.*
	SD	1.07	1.16	1.11		
インターネットの認知	M	4.38	4.35	4.26	$F=0.27$	*n.s.*
	SD	0.75	0.72	0.85		

$^{\dagger}p<.10,$ $^{**}p<.01$

「友人の活用」,「友人の認知」,「大学教員の活用」,「大学教員の認知」,「インターネットの活用」,「インターネットの認知」を従属変数とする一要因分散分析を行った（Table 6-4）。

分析の結果,「友人の活用（$F(2,195)=11.87,$ $p<.01$)」,「友人の認知（$F(2,195)=6.92,$ $p<.01$)」において群間の平均値の差は有意であり,「大学教員の活用（$F(2,195)=3.03,$ $p<.10$)」では群間の平均値の差が有意傾向だった。Tukey の HSD 法による多重比較を行ったところ,「友人の活用」では「援助要請過剰群」が「援助要請自立群」と「援助要請回避群」よりも有意に高く,「援助要請自立群」は「援助要請回避群」よりも有意に高かった。また,「友人の認知」と「大学教員の活用」では「援助要請過剰群」と「援助要請自立群」が「援助要請回避群」よりも有意に高い値を示した。

4．考察

研究5-2では進路選択に関するサポート資源の活用および認知の促進・抑

制要因として援助要請スタイルを取り上げ，特にサポート資源の中でも友人，大学教員，インターネットとの関連を検討することを目的とした。

分散分析の結果，「友人の認知」については「援助要請過剰群」と「援助要請自立群」が「援助要請回避群」に比べて有意に平均値が高く，「友人の活用」については「援助要請過剰群」が「援助要請自立群」と「援助要請回避群」に比べて有意に平均値が高かった。これらの結果から，「援助要請過剰群」と「援助要請自立群」は同程度に友人のサポートを活用できると認知しているが，「援助要請自立群」は実際にはサポートを活用しないこと，「援助要請回避群」は友人のサポートを活用できると認知しておらず，実際にも活用しないことが窺え，それぞれのスタイルの特徴を反映した結果が示された。なお，「援助要請自立群」の「友人の活用」は $M=3.37$ と理論的中間値を超えているため，「援助要請過剰群」よりも平均値が低いものの，必要に応じて適度にサポートを活用していると考えられる。

先行研究では，援助要請スタイルの類型による問題解決の成否については明らかにされていない。しかし，「援助要請自立群」は自己効力感と正の関連を持ち，「援助要請過剰群」は抑うつを予測する，他者への再確認傾向と正の関連を持っている（永井，2013）。このことと，「援助要請自立群」はたしかに「援助要請過剰群」よりも友人のサポートを活用しないが，平均値が理論的中間値を超えていることを考慮すると，進路選択場面における友人資源の活用に関しては，「援助要請自立群」も適応的な面を持つと考えられる。

大学教員資源に関しては，認知において3群の間に有意差は見られなかったが，活用では「援助要請過剰群」と「援助要請自立群」が「援助要請回避群」よりも有意傾向で平均値が高かった。大学教員を資源として認知する程度は同程度であるが，実際には「援助要請回避群」はそのサポートを活用しないと考えられる。しかしながら，いずれの群においても平均値は理論的中間値を下回っていることには留意する必要がある。

なお，インターネットに関しては，援助要請スタイルによる平均値の差異

114　第2部　実証的研究

はみられなかった。平均値はどの群においても理論的中間値を超えており，どのようなスタイルを持っていたとしても，インターネットを資源として認知でき，活用することも可能であると考えられる。

第4節　研究5-3　小集団閉鎖性が進路選択に関するサポート　資源の認知と活用に及ぼす影響

1．目的

　研究5-3では進路選択に関するサポート資源の認知および活用の抑制要因として小集団閉鎖性を取り上げ検討することを目的とする。先述の通り，研究5-3では友人，大学教員，インターネットに着目する。

2．方法

調査対象者

　関東圏の公立大学1校，私立大学1校，東北地方の私立大学1校の大学2-4年生213名（男性＝103名，女性＝109名，不明＝1名）から回答を得た。調査対象者の平均年齢は19.84歳（$SD=0.97$）であった。なお，調査対象者は研究5-1，研究5-2と同一である。

調査時期および調査手続き

　2014年6月-7月に，質問紙を大学の講義時間に配布し，回答を求めた。

調査内容

⑴　デモグラフィック変数

　学年，年齢，性別，専門分野（文系・理系）の記入を求めた。

⑵　進路選択に関するサポート資源活用尺度

　研究1で作成した，資源ごとにサポートを実際に活用した程度を測定する尺度である。8下位尺度24項目から構成されているが，本研究ではそのうち

の「友人からのサポートの活用」（以下,「友人の活用」）,「大学教員からのサポートの活用」（以下,「大学教員の活用」）,「インターネットの活用」の9項目を使用した。「全くあてはまらない(1)」から「とてもあてはまる(5)」の5件法で回答を求めた。

(3) 進路選択に関するサポート資源認知尺度

研究1で作成した,資源ごとにサポートの活用可能性を認知した程度を測定する尺度である。8下位尺度24項目から構成されているが,本研究ではそのうちの「友人からのサポートの認知」（以下,「友人の認知」）,「大学教員からのサポートの認知」（以下,「大学教員の認知」）,「インターネットのサポート資源としての認知」（以下,「インターネットの認知」）の9項目を使用した。「全くあてはまらない(1)」から「とてもあてはまる(5)」の5件法で回答を求めた。

(4) 小集団閉鎖性尺度

吉村（2004）によって作成された,「小集団内の共行動を優先し,他の小集団のメンバーと積極的につきあおうとしない態度」である小集団閉鎖性を測定する尺度である。1因子構造7項目から構成され,「まったくあてはまらない(1)」から「とてもあてはまる(5)」の5件法で回答を求めた。

倫理的配慮

フェイスシートに調査への協力は自由意思に基づくこと,質問紙の提出後も回答を撤回することができること,調査に回答しないことによって不利益を被ることはないことを明記した。なお,本研究は筑波大学人間系研究倫理委員会の承認を得て,実施された。

3．結果

(1) 記述統計量と α 係数,下位尺度間の相関係数

各尺度の下位尺度ごとに加算平均を求め,下位尺度得点とした。平均値,標準偏差,α 係数,下位尺度間の相関係数を Table 6-5 に示す。α 係数は

116 第2部 実証的研究

Table 6-5 基本統計量とα係数，下位尺度間の相関係数

| | 平均値 | SD | α係数 | 相関係数 | | | | | | |
				①	②	③	④	⑤	⑥	⑦
① 友人の活用	3.38	1.16	.82	—	.57**	.28**	.19**	.10	.12	-.14*
② 友人の認知	3.87	1.00	.94		—	.16*	.26**	.05	.20**	-.16*
③ 大学教員の活用	2.13	1.19	.85			—	.64**	.08	.05	-.28**
④ 大学教員の認知	2.49	1.32	.97				—	.14*	.17*	-.31**
⑤ インターネットの活用	3.98	1.10	.91					—	.53**	-.07
⑥ インターネットの認知	4.34	0.76	.93						—	-.13
⑦ 小集団閉鎖性	3.32	0.72	.78							—

*$p < .05$, **$p < .01$

α＝.84-.94であり，本研究で用いた尺度は一定の内的一貫性を備えている
といえる。

　次に下位尺度間の相関係数の結果について述べる。まず，進路選択に関す
るサポート資源間では，友人資源と大学教員資源間すべてで有意な正の相関
がみられた。また，「インターネットの活用」は「大学教員の認知」，「イン
ターネットの認知」と有意な正の相関を，「インターネットの認知」は「友
人の認知」，「大学教員の認知」と有意な正の相関を示した。進路選択に関す
るサポート資源と「小集団閉鎖性」間では，「友人の活用」，「友人の認知」，
「大学教員の活用」，「大学教員の認知」と「小集団閉鎖性」の間に有意な負
の相関がみられた。

(2) 小集団閉鎖性の進路選択に関する友人資源，大学教員資源，インター
ネット資源の認知と活用に及ぼす影響

　次に「小集団閉鎖性」が「友人の活用」，「大学教員の活用」，「インターネ
ットの活用」および「友人の認知」，「大学教員の認知」，「インターネットの
認知」に及ぼす影響を検討するために共分散構造分析を実施した。第1水準
に「小集団閉鎖性」を，第2水準に「先輩の認知」を，第3水準に「先輩の
活用」を設定したモデルを構成し，第1水準に含まれる変数から第2水準，

第6章 進路選択に関するサポート資源の促進・抑制要因に関する検討　117

第3水準に含まれる変数へ，第2水準に含まれる変数から第3水準に含まれる変数へパスを仮定した。なお，第2，3水準に含まれる変数に関しては，各水準内の誤差変数間に相関を仮定している。

有意でなかったパスを削除しながら繰り返し分析を行ったところ，最終的にFigure 6-2のモデルが得られた。このモデルの適合度はGFI = .99，AGFI = .97，CFI = 1.00，RMSEA = .00であり，十分に基準を満たす数値が示された。

まず，「小集団閉鎖性」から「友人の認知」と「大学教員の認知」に対して有意な負のパスが，「インターネットの認知」に対して有意傾向の負のパスがみられた。また，サポート資源の認知の3変数から，それぞれ対応するサポート資源の活用の3変数に対して有意な正のパスがみられた。なお，「小集団閉鎖性」からサポート資源の活用には直接のパスはみられず，それぞれ対応するサポート資源の認知を媒介して負の影響を及ぼしていた。

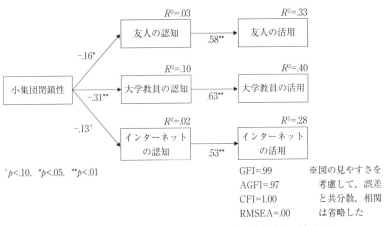

Figure 6-2　共分散構造分析の結果

118 第2部 実証的研究

4．考察

研究5-3では進路選択に関するサポート資源の活用および認知の抑制要因として小集団閉鎖性を取り上げ，特にサポート資源の中でも友人，大学教員，インターネットとの関連を検討することを目的とした。

共分散構造分析の結果，「小集団閉鎖性」が「友人の認知」，「大学教員の認知」，「インターネットの認知」を抑制し，サポート資源の認知を媒介して，対応するサポート資源の活用を抑制していた。限定された小集団での関わりのみを重視し，積極的に他の集団に関与しない態度は，大学生活における他者との関わりを限定してしまう。そのため，活用可能なサポート資源が限定され，活用可能性の認知が抑制されると考えられる。また，小集団の中で生活が完結することにより，外部に情報を求めることが減少し，進路選択で困ったときにインターネットが活用できるという考えに至らないのかもしれない。

第5節　研究6　両親の職業への態度認知が進路選択に関する サポート資源の認知と活用に及ぼす影響

1．目的

研究6では進路選択に関するサポート資源の認知および活用の促進・抑制要因として両親の仕事への態度に関する認知を取り上げ検討することを目的とする。先述の通り，研究6では父親に着目する。

2．方法

調査対象者

関東圏の公立大学1校，私立大学1校，東北地方の私立大学1校の大学2-4年生213名（男性＝103名，女性＝109名，不明＝1名）から回答を得た。調

査対象者の平均年齢は19.84歳（$SD = 0.97$）であった。なお，調査対象者は
研究5と同一である。

調査時期および調査手続き

2014年6月 - 7月に，質問紙を大学の講義時間に配布し，回答を求めた。

調査内容

⑴ デモグラフィック変数

学年，年齢，性別，専門分野（文系・理系）の記入を求めた。

⑵ 進路選択に関するサポート資源活用尺度

研究1で作成した，資源ごとにサポートを実際に活用した程度を測定する
尺度である。8下位尺度24項目から構成されているが，本研究ではそのうち
の「父親からのサポートの活用」（以下，「父親の活用」）の3項目を使用した。
「全くあてはまらない⑴」から「とてもあてはまる⑸」の5件法で回答を
求めた。

⑶ 進路選択に関するサポート資源認知尺度

研究1で作成した，資源ごとにサポートの活用可能性を認知した程度を測
定する尺度である。8下位尺度24項目から構成されているが，本研究ではそ
のうちの「父親からのサポートの認知」（以下，「父親の認知」）の3項目を使
用した。「全くあてはまらない⑴」から「とてもあてはまる⑸」の5件法
で回答を求めた。

⑷ 親の態度認知尺度

鹿内（2005）によって作成された，仕事や生き方，子どもの進路について，
両親がどのような態度を持っているかを，子どもの認知から測定する尺度で
ある。塚脇・森永・坪田・柘植・平川（2012）が探索的因子分析を実施して
得られた因子パターンから，「父親モデル」，「父親指示的態度」，「母親モデ
ル」，「母親指示的態度」17項目を使用した。

また，本研究では，より理解しやすいように尺度名を「両親の職業への態
度認知尺度」，下位尺度をそれぞれ「モデルになる父親」，「指示的な父親」，

120 第2部 実証的研究

「モデルになる母親」,「指示的な母親」と改めて使用することとした。「モデルになる父親」と「モデルになる母親」はそれぞれ,父親や母親が職業人としてのモデルになると認知している程度,「指示的な父親」と「指示的な母親」はそれぞれ,父親や母親が進路選択や就職活動に関して指示的であると認知している程度を測定している。「まったくあてはまらない(1)」から「とてもあてはまる(5)」の5件法で回答を求めた。

倫理的配慮

フェイスシートに調査への協力は自由意思に基づくこと,質問紙の提出後も回答を撤回することができること,調査に回答しないことによって不利益を被ることはないことを明記した。なお,本研究は筑波大学人間系研究倫理委員会の承認を得て,実施された。

3.結果

(1) 基本統計量と α 係数,下位尺度間の相関係数

各尺度の下位尺度ごとに加算平均を求め,下位尺度得点とした。平均値,標準偏差,α 係数,下位尺度間の相関係数を Table 6-6 に示す。α 係数は「指示的な父親」が $\alpha = .54$,「指示的な母親」が $\alpha = .60$ と低いが,その他の下位尺度は $\alpha = .75-.97$ であり,一定の内的一貫性が確認された。

次に下位尺度間の相関係数の結果について述べる。まず,「父親の活用」

Table 6-6 基本統計量と α 係数,下位尺度間の相関係数

		平均値	SD	α 係数	相関係数					
					①	②	③	④	⑤	⑥
①	父親の活用	2.72	1.35	.91	—	.62**	.38**	.32**	.22**	.01
②	父親の認知	3.41	1.27	.97		—	.63**	.28**	.27**	-.05
③	モデルになる父親	3.85	0.82	.75			—	.18**	.34**	-.06
④	指示的な父親	2.39	0.87	.54				—	.03	.31**
⑤	モデルになる母親	3.58	0.82	.75					—	-.06
⑥	指示的な母親	2.59	0.80	.60						—

$^{**}p < .01$

については「父親の認知」との間に有意な中程度の正の相関が,「モデルになる父親」,「指示的な父親」,「モデルになる母親」との間に有意な弱い正の相関が示された。また,「父親の認知」については「モデルになる父親」との間に有意な中程度の正の相関が,「指示的な父親」,「モデルになる母親」との間に有意な弱い正の相関がみられた。両親の職業への態度認知尺度の下位尺度間では,「モデルになる父親」と「指示的な父親」,「モデルになる母親」間,「指示的な父親」と「指示的な母親」間で有意な弱い正の相関が示された。

(2) 両親の職業への態度認知尺度のクラスター分析

学生が両親の職業への態度をどのように認知しているのか総体的に捉えるために,両親の職業への態度認知尺度の4下位尺度を標準化した上で,K-means法によるクラスター分析を行った。クラスター数を2つから順に増やしていき,解釈可能性から4つのクラスターを採用した(Figure 6-3)。ク

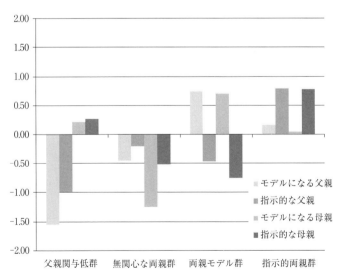

Figure 6-3 両親の職業への態度認知尺度における4クラスターのプロフィール

122　第2部　実証的研究

Table 6-7　クラスターごとの両親の仕事への態度認知の基本統計量

		父親関与低群	無関心な両親群	両親モデル群	指示的両親群
		$N=26$	$N=43$	$N=63$	$N=81$
モデルになる父親	M	2.57	3.47	4.46	3.99
	SD	0.83	0.51	0.45	0.60
指示的な父親	M	1.53	2.21	1.99	3.07
	SD	0.51	0.71	0.53	0.76
モデルになる母親	M	3.76	2.56	4.16	3.62
	SD	0.69	0.54	0.60	0.60
指示的な母親	M	2.81	2.17	1.99	3.21
	SD	0.68	0.64	0.53	0.56

ラスター1は「モデルになる父親」と「指示的な父親」の得点が低いことから「父親関与低群」（$N=26$）と，クラスター2はいずれの下位尺度得点も低いことから「無関心な両親群」（$N=43$）と，クラスター3は「モデルになる父親」と「モデルになる母親」の得点が高いことから「両親モデル群」（$N=63$）と，クラスター4は「指示的な父親」と「指示的な母親」の得点が高いことから「指示的両親群」（$N=81$）と命名した。また，各クラスターにおける両親の職業への態度認知尺度の平均点を Table 6-7 に示した。

(3)　両親の職業への態度認知が進路選択におけるサポート資源の認知と活用に及ぼす影響

　次に両親の職業への態度認知が「父親の活用」と「父親の認知」に及ぼす影響を検討するために，両親の職業への態度認知によるクラスターを独立変数とし，「父親の活用」と「父親の認知」を従属変数とする一要因分散分析を行った（Table 6-8）。

　その結果，「父親の活用（$F(3,209)=9.04, p<.01$）」と「父親の認知（$F(3,209)=24.84, p<.01$）」で群間の平均点の差が有意であった。Tukey の HSD 法による多重比較を行ったところ，「父親の活用」では「両親モデル群」と

第6章　進路選択に関するサポート資源の促進・抑制要因に関する検討　123

Table 6-8　クラスターを独立変数とした1要因分散分析の結果

		父親関与低群	無関心な両親群	両親モデル群	指示的両親群	F 値	多重比較（Tukey 法）
		N = 26	N = 43	N = 63	N = 81		
父親の活用	M	1.71	2.37	3.03	3.00	F = 9.04**	両親モデル群，指示的両親群＞
	SD	0.97	1.20	1.38	1.32		無関心な両親群，父親関与低群
父親の認知	M	1.94	3.02	4.02	3.62	F = 24.84**	両親モデル群，指示的両親群＞
	SD	1.06	1.16	1.14	1.04		無関心な両親群＞父親関与低群

**$p < .01$

「指示的両親群」が「無関心な両親群」と「父親関与低群」よりも有意に高い平均点を示した。また，「父親の認知」では「両親モデル群」と「指示的両親群」が「無関心な両親群」と「父親関与低群」より有意に高く，「無関心な両親群」が「父親関与低群」より有意に高かった。

4．考　察

　研究6では進路選択に関するサポート資源の認知および活用の促進・抑制要因として両親の仕事への態度に関する認知を取り上げ，特にサポート資源の中でも父親との関連を検討することを目的とした。

　まず，両親への職業への態度認知尺度の下位尺度得点を用いてクラスター分析を行ったところ，両親をともに職業人としてのモデルになると認知している「両親モデル群」，両親はともに自身の進路選択に関して指示的である「指示的両親群」，父親は職業人としてのモデルにならず，指示的な関与も少ない「父親関与低群」，両親ともにモデルにならず，指示的な関与も少ない「無関心な両親群」に分類された。

　次に，両親の職業への態度認知尺度によって分類されたクラスターを独立変数とし，進路選択に関する「父親の活用」および「父親の認知」を従属変数とした一要因分散分析を行った。その結果，「父親の活用」，「父親の認知」のいずれにおいても「両親モデル群」と「指示的両親群」が「無関心な両親群」と「父親関与低群」より有意に高く，さらに「父親の認知」においては

124　第2部　実証的研究

「無関心な両親群」が「父親関与低群」より有意に高かった。すなわち，おおむね「父親の活用」と「父親の認知」では同様の結果が示されたといえる。

「両親モデル群」と「指示的両親群」は自律的な形であれ，他律的な形であれ親子間で，職業について話題が取り上げられる群であり，「父親関与低群」と「無関心な両親群」は親子間におけるコミュニケーションが希薄な結果，どのような形でも職業についての話題が取り上げられない群である。そのため，前者2群の方が後者2群よりも，父親のサポートの活用可能性を高く認知し，実際にそのサポートを活用していると考えられる。

しかしながら，自律的に職業について考えるきっかけになるような，仕事に対する肯定的態度を家庭で示す「両親モデル群」と，両親からのコミュニケーションが活発な「指示的両親群」の間には有意差がみられなかった。進路選択に関する父親のサポートの活用可能性を高く認知できたり，実際に活用することには，自律的に職業について考えるか，あるいは他律的に職業について考えるかという質的な面よりもコミュニケーションの頻度が大きく関与していると考えられる。

本研究で使用した進路選択に関するサポート資源の認知尺度および活用尺度はサポートの活用可能性の認知の程度と実際の活用の程度，すなわち量的側面のみを測定しているため，「両親モデル群」と「指示的両親群」の間のサポートの質の違いは検討できなかった。両親をモデルと考えている群では学生が主体的に父親にサポートを求めやすい環境であり，そのサポートの内容は支持的で受容的なものになると考えられる。一方で，指示的なコミュニケーションが多い群では，学生は受動的にサポートが与えられる環境であり，そのサポート内容は親の意向が反映された指示的なものであると推察される。今後はサポート内容の質的な面を含めた検討が必要とされる。

第6章　進路選択に関するサポート資源の促進・抑制要因に関する検討　　125

第6節　研究5と研究6のまとめ

　研究5および研究6では，研究3の結果，友人，父親，大学教員，インターネットが進路選択における有効なサポート資源であることが明らかになったため，それらの促進要因・抑制要因を明らかにした。それぞれ関連のあった変数について，Table 6-9，Table 6-10 にまとめた。

　「友人の認知」については，「援助要請の方法」に関するスキルや「適切な援助者の選択」に関するスキルが促進要因であり，「小集団閉鎖性」が抑制要因であった。また，「援助要請過剰群」と「援助要請自立群」が「援助要請回避群」よりも「友人の認知」得点が高かった。「友人の活用」について

Table 6-9　研究5のまとめ

	友人の認知	友人の活用	大学教員の認知	大学教員の活用	インターネットの認知	インターネットの活用
援助要請の方法	+	+（+）			+	（+）
適切な援助者の選択	+	−（+）				
相手に伝える内容				+		
援助要請自立群	+	−		+		
援助要請過剰群	+	+		+		
援助要請回避群	−	−				
小集団閉鎖性	−	（−）	−	（−）		（−）

注）促進要因：+，抑制要因：−，括弧内は媒介効果

Table 6-10　研究6のまとめ

	父親の認知	父親の活用
両親モデル群	+	+
指示的両親群	+	+
父親関与低群	−	−
無関心な両親群	−	−

注）促進要因：+，抑制要因：−

126　第2部　実証的研究

は,「援助要請の方法」に関するスキルが促進要因であり,「適切な援助者の選択」に関するスキルが抑制要因であった。「援助要請の方法」と「適切な援助者の選択」に関するスキルについては,「友人の認知」を媒介した促進効果も確認された。また,「小集団閉鎖性」からの直接的な影響はなかったが,「友人の認知」を媒介した抑制効果がみられた。そして,「援助要請過剰群」が「援助要請自立群」と「援助要請回避群」よりも「友人の活用」の得点が高かった。

　「大学教員の認知」については,「小集団閉鎖性」が抑制要因であった。また,「大学教員の活用」については,「相手に伝える内容」に関するスキルが促進要因であり,「小集団閉鎖性」からの直接的な影響はなかったが,「大学教員の認知」を媒介した抑制効果がみられた。そして,「援助要請過剰群」と「援助要請自立群」が「援助要請回避群」よりも「大学教員の活用」得点が高かった。

　「インターネットの認知」については,「援助要請の方法」に関するスキルが促進要因であり,「小集団閉鎖性」が抑制要因であった。「インターネットの活用」については,いずれの変数からも直接的な影響はなかったが,「インターネットの認知」を媒介して,「援助要請の方法」と「小集団閉鎖性」の媒介した促進・抑制効果がみられた。

　「父親の認知」と「父親の活用」については,いずれも「両親モデル群」と「指示的両親群」の方が「無関心な両親群」と「父親関与低群」よりも得点が高かった。

第7章　就職活動中のサポート資源の
促進・抑制要因に関する検討（研究7・研究8）

第1節　研究7と研究8の目的

　研究7では，研究4で明らかになった有効な就職活動中のサポート資源のうち先輩に着目して，その促進要因と抑制要因について検討を行う。具体的には研究7-1で促進要因として援助要請スキルを，研究7-2では促進要因および抑制要因として援助要請スタイルを，研究7-3では抑制要因として小集団閉鎖性を取り上げる。援助要請スキルおよび援助要請スタイルを取り上げた理由は，サポートを求めることに関する介入可能な要因であるためである。また，小集団閉鎖性を取り上げた理由は，大学生活の過ごし方について示唆が得られるためである。

　また研究8では，研究4で明らかになった有効なサポート資源のうち父親に着目して，その促進要因と抑制要因について検討を行う。具体的には両親の職業への態度認知を，その促進要因および抑制要因として取り上げる。両親の職業への態度認知を取り上げる理由は，家族の学生への接し方について示唆が得られるためである。これらの詳細については，第6章の冒頭で述べた通りである。

128　第2部　実証的研究

第2節　研究7-1　援助要請スキルが就職活動中のサポート資源の認知と活用に及ぼす影響

1．目的

　研究7-1では就職活動中のサポート資源の認知および活用の促進要因として援助要請スキルを取り上げ検討を行うことを目的とする。先述の通り，研究7-1では先輩に着目する。

2．方法

調査対象者

　関東圏の国立大学2校，私立大学2校，東北地方の私立大学1校の，企業に対する就職活動を経験した，大学4年生67名（男性＝30名，女性＝37名）および大学院修士課程2年生5名（男性＝3名，女性＝2名）から回答を得た。調査対象者の平均年齢は22.21歳（$SD=0.95$）であった。

調査時期および調査手続き

　2012年10月に，質問紙を大学の講義時間やサークル・学生団体などの課外活動中に配布し，回答を求めた。

調査内容

(1)　デモグラフィック変数

　学年，年齢，性別，専門分野（文系・理系）の記入を求めた。

(2)　就職活動中のサポート資源活用尺度

　研究2で作成した，資源ごとにサポートを実際に活用した程度を測定する尺度である。9下位尺度27項目から構成されているが，本研究ではそのうちの「先輩からの道具的サポートの活用」（以下，「先輩の活用」）3項目を使用した。「全くしなかった(1)」から「かなりした(5)」の5件法で回答を求め

(3) 就職活動中のサポート資源認知尺度

　研究2で作成した，資源ごとにサポートの活用可能性を認知した程度を測定する尺度である。9下位尺度27項目から構成されているが，本研究ではそのうちの「先輩からの道具的サポートの認知」（以下，「先輩の認知」）3項目を使用した。「全くあてはまらない(1)」から「とてもあてはまる(5)」の5件法で回答を求めた。

(4) 援助要請スキル尺度

　本田ら（2010）によって作成された，有効に援助要請を行うスキルを測定する尺度である。「適切な援助者の選択」，「援助要請の方法」，「相手に伝える内容」の3つの下位概念を含んでいるが，因子間相関が高いことから，1因子構造の尺度とされている。本研究では，実践への示唆を重視するため，1因子構造ではなく，3つの下位概念ごとに下位尺度を構成し，分析を行った。「適切な援助者の選択」は，適切な援助を提供してくれそうな相手を選択するスキル，「援助要請の方法」は，多様な方法で援助要請を行うスキル，「相手に伝える内容」は，適切に援助を受けることができるような内容を相手に伝えるスキルである。本尺度は17項目から構成され，「あてはまらない(1)」から「あてはまる(4)」の4件法で回答を求めた。

倫理的配慮

　フェイスシートに調査への協力は自由意思に基づくこと，質問紙の提出後も回答を撤回することができること，調査に回答しないことによって不利益を被ることはないことを明記した。なお，本研究は筑波大学人間系研究倫理委員会の承認を得て，実施された。

3．結果

(1) 基本統計量とα係数，下位尺度間の相関係数

　各尺度の下位尺度ごとに加算平均を求め，下位尺度得点とした。平均値，

130　第 2 部　実証的研究

Table 7-1　基本統計量と α 係数，下位尺度間の相関係数

| | | 平均値 | SD | 得点範囲 | α 係数 | 相関係数 | | | | |
						①	②	③	④	⑤
①	先輩の活用	3.59	1.19	1〜5	.90	—	.79**	.42**	.32**	.40**
②	先輩の認知	3.78	1.21	1〜5	.95		—	.39**	.31**	.36**
③	適切な援助者の選択	3.14	0.52	1〜4	.81			—	.74**	.68**
④	援助要請の方法	3.24	0.51	1〜4	.72				—	.76**
⑤	相手に伝える内容	3.00	0.62	1〜4	.88					—

$^{**}p < .01$

標準偏差，α 係数，下位尺度間の相関係数を Table 7-1 に示す。α 係数は α = .72-.95であり，本研究で用いた尺度は一定の内的一貫性を備えているといえる。また，下位尺度間の相関係数に関しては，すべての下位尺度間で有意な正の相関がみられた。特に「先輩の活用」と「先輩の認知」間，「援助要請の方法」と「適切な援助者の選択」間，「援助要請の方法」と「相手に伝える内容」間で強い正の相関が示された。

(2)　援助要請スキルの就職活動中のサポート資源の認知と活用に及ぼす影響

　次に援助要請スキルが「先輩の活用」と「先輩の認知」に及ぼす影響を検討するために共分散構造分析を実施した。第 1 水準に援助要請スキルの 3 下位尺度を，第 2 水準に「先輩の認知」を，第 3 水準に「先輩の活用」を設定したモデルを構成し，第 1 水準に含まれる変数から第 2 水準，第 3 水準に含まれる変数へ，第 2 水準に含まれる変数から第 3 水準に含まれる変数へパスを仮定した。なお，第 1 水準に含まれる変数間には相関を仮定している。

　有意でなかったパスを削除しながら繰り返し分析を行ったところ，最終的に Figure 7-1 のモデルが得られた。このモデルの適合度は GFI = .99, AGFI = .95, CFI = 1.00, RMSEA = .00であり，十分に基準を満たす数値が示された。

第7章　就職活動中のサポート資源の促進・抑制要因に関する検討　131

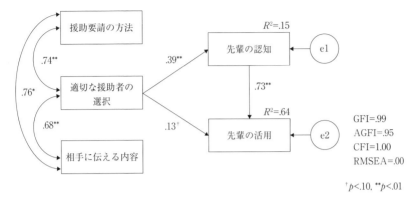

Figure 7-1　共分散構造分析の結果

　まず,「適切な援助者の選択」は直接的に「先輩の認知」と「先輩の活用」に正の影響を与えていた。また,「適切な援助者の選択」は「先輩の認知」を媒介して,間接的にも「先輩の活用」に正の影響を及ぼしていた。なお,「援助要請の方法」と「相手に伝える内容」については,いずれの変数に対しても有意なパスが示されなかった。

4．考察

　研究7-1では就職活動中のサポート資源の活用および認知の促進要因として援助要請スキルを取り上げ,特にサポート資源の中でも先輩との関連を検討することを目的とした。

　共分散構造分析の結果,「適切な援助者の選択」が直接的に「先輩の認知」と「先輩の活用」を促していた。先輩は就職活動についての知識や経験を持っているため,就職活動において有効なサポートを提供してもらえるサポート資源であると考えられる。そのため,自身の問題を解決するにあたって適切な資源を選択するスキルが高いほど,先輩を援助者として選択することが可能になるのだろう。また,「適切な援助者の選択」についてのスキルは「先輩の活用」へよりも「先輩の認知」への影響が強かった。このスキルは

132 第2部 実証的研究

援助要請をして，先輩からのサポートを活用する段階よりも，自身の問題を
解決してくれる資源を探したり，気づくことに強く関連すると考えられる。
そのため，先輩のサポートの活用可能性に強く関連するのだろう。

　一方で，「相手に伝える内容」と「援助要請の方法」は先輩と関連がみら
れなかった。この2つのスキルは援助要請の対象が決まった後に，援助要請
を実行し，先輩からのサポートを活用する段階に強く関連すると考えられる。
就職活動についての悩みは学生にとって一般的なものである（西山，2003；
下村・堀，2004）ため，就職活動を経験してきた先輩もまた自身の活動時に
経験した悩みである可能性が高く，サポートを求める学生は自身の就職活動
の悩みを先輩に理解してもらうことは難しくないと考えている可能性がある。
そのため，援助要請の際に自身の悩みを理解してもらい適切なサポートを受
けるために，どのような手段で何を伝えるかといったスキルは相対的に重要
でないと考えられる。

第3節　研究7-2　援助要請スタイルが就職活動中のサポート資源の認知と活用に及ぼす影響

1．目的

　研究7-2では就職活動中のサポート資源の認知および活用の促進・抑制要
因として援助要請スタイルを取り上げ検討を行うことを目的とする。先述の
通り，研究7-2では先輩に着目する。

2．方法

調査対象者

　就職活動を経験した，大学4年生179名（男性＝42名，女性＝137名）および
大学院修士課程2年生22名（男性＝14名，女性＝8名）から回答を得た。調査

対象者の平均年齢は22.03歳（$SD=0.96$）であった。

調査時期および調査手続き

2013年12月に，インターネット調査会社マクロミルを通じて，ウェブ上で質問項目への回答を得た。

調査内容

(1) デモグラフィック変数

学年，年齢，性別，専門分野（文系・理系）の記入を求めた。

(2) 就職活動中のサポート資源活用尺度

研究2で作成した，資源ごとにサポートを実際に活用した程度を測定する尺度である。9下位尺度27項目から構成されているが，本研究ではそのうちの「先輩からの道具的サポートの活用」（以下，「先輩の活用」）3項目を使用した。「まったくあてはまらない(1)」から「とてもあてはまる(5)」の5件法で回答を求めた。

(3) 就職活動中のサポート資源認知尺度

研究2で作成した，資源ごとにサポートの活用可能性を認知した程度を測定する尺度である。9下位尺度27項目から構成されているが，本研究ではそのうちの「先輩からの道具的サポートの認知」（以下，「先輩の認知」）3項目を使用した。「まったくあてはまらない(1)」から「とてもあてはまる(5)」の5件法で回答を求めた。

(4) 援助要請スタイル尺度

永井（2013）によって作成された，援助要請の実行に至るまでの過程におけるスタイルを測定する尺度である。自身での問題解決が困難なときのみ援助要請を行う「援助要請自立型」，問題の程度に関わらず他者に援助を求める「援助要請過剰型」，問題の程度に関わらず他者に援助を求めない「援助要請回避型」の3下位尺度12項目から構成され，後述する手続きによって，調査対象者を下位尺度に対応した3つの援助要請スタイルに分類することができる。「まったくあてはまらない(1)」から「よくあてはまる(7)」の7件

134 第2部 実証的研究

法で回答を求めた。

倫理的配慮

調査に関する説明として，調査への協力は自由意思に基づくこと，調査に回答しないことによって不利益を被ることはないことを明記した。なお，本研究は筑波大学人間系研究倫理委員会の承認を得て，実施された。

3．結果

(1) 基本統計量とα係数，下位尺度間の相関係数

各尺度の下位尺度ごとに加算平均を求め，下位尺度得点とした。平均値，標準偏差，α係数，下位尺度間の相関係数を Table 7-2 に示す。α係数は $\alpha = .82-.94$ であり，本研究で用いた尺度は一定の内的一貫性を備えているといえる。

次に下位尺度間の相関係数の結果について述べる。まず，「先輩の活用」については「先輩の認知」，「援助要請過剰型」との間に有意な中程度の正の相関が示された。また，「先輩の認知」については「援助要請自立型」と「援助要請過剰型」との間に有意な弱い正の相関が，「援助要請回避型」との間に有意な弱い負の相関がみられた。さらに「援助要請回避型」は「援助要請自立型」，「援助要請過剰型」との間に有意な弱い負の相関を示した。

Table 7-2　基本統計量とα係数，下位尺度間の相関係数

		平均値	SD	得点範囲	α係数	①	②	③	④	⑤
									相関係数	
①	先輩の活用	2.67	1.37	1~5	.93	—	.68**	.00	.41**	−.03
②	先輩の認知	3.09	1.38	1~5	.94		—	.16*	.31**	−.18*
③	援助要請自立型	4.88	1.07	1~7	.82			—	−.14*	.13
④	援助要請過剰型	3.88	1.47	1~7	.92				—	−.28**
⑤	援助要請回避型	3.71	1.42	1~7	.89					—

$^*p < .05, ^{**}p < .01$

⑵　各援助要請スタイルへの分類

　次に援助要請スタイルの各得点をもとに調査対象者の分類を行った。分類は永井（2013）の手続きに従って行った。具体的には，「援助要請自立型」の得点が４点以上であり，かつ残りの２つの下位尺度得点よりも高い群を「援助要請自立群」とした。「援助要請過剰型」と「援助要請回避型」の得点に対しても同様の手続きをとり，それぞれ「援助要請過剰群」，「援助要請回避群」とした。なお，調査対象者のうち22名はいずれの条件にもあてはまらなかったため，以後の分析では除外された。

　分類の手続きの妥当性を確認するため，援助要請スタイルによる群を独立変数とし，群分けに使用した援助要請スタイル尺度の下位尺度を従属変数とする１要因分散分析を行った。その結果，各群において，対応する援助要請スタイル尺度の下位尺度の平均値が，他の２群よりも有意に高く，分類の妥当性が確認された（Table 7-3）。

Table 7-3　援助要請スタイルによる群分けの妥当性を確認するための１要因分散分析の結果

		援助要請自立群 $N=107$	援助要請過剰群 $N=42$	援助要請回避群 $N=30$	F 値	多重比較（Tukey 法）
援助要請自立型	M	5.46	3.99	4.18	$F=60.67^{**}$	援助要請自立群＞ 援助要請過剰群，援助要請回避群
	SD	0.72	0.89	1.07		
援助要請過剰型	M	3.40	5.50	2.80	$F=66.31^{**}$	援助要請過剰群＞ 援助要請自立群＞援助要請回避群
	SD	1.18	0.78	1.30		
援助要請回避型	M	3.48	2.87	5.33	$F=40.60^{**}$	援助要請回避群＞ 援助要請自立群＞援助要請過剰群
	SD	1.23	1.29	0.78		

$^{**}p < .01$

⑶　援助要請スタイルの就職活動中のサポート資源の認知と活用に及ぼす影響

　次に援助要請スタイルが「先輩の活用」と「先輩の認知」に及ぼす影響を検討するために，援助要請スタイルを独立変数とし，「先輩の活用」と「先輩の認知」を従属変数とする１要因分散分析を行った（Table 7-4）。

136　第 2 部　実証的研究

Table 7-4　援助要請スタイルを独立変数とした 1 要因分散分析の結果

		援助要請自立群	援助要請過剰群	援助要請回避群	F 値	多重比較（Tukey 法）
		$N=107$	$N=42$	$N=30$		
先輩の活用	M	2.54	3.17	2.21	$F=4.86^{*}$	援助要請過剰群＞ 援助要請自立群，援助要請回避群
	SD	1.39	1.41	1.24		
先輩の認知	M	3.19	3.25	2.53	$F=2.98^{\dagger}$	援助要請過剰群，援助要請自立群＞ 援助要請回避群
	SD	1.40	1.37	1.35		

$^{\dagger}p<.10$,　$^{**}p<.05$

　分析の結果,「先輩の活用（$F(2,176)=4.86$, $p<.05$)」において群間の平均値の差は有意であり,「先輩の認知（$F(2,176)=2.98$, $p<.10$)」では群間の平均値の差が有意傾向だった。Tukey の HSD 法による多重比較を行ったところ,「先輩の活用」では「援助要請過剰群」が「援助要請自立群」と「援助要請回避群」よりも有意に平均点が高く,「先輩の認知」では「援助要請過剰群」と「援助要請自立群」が「援助要請回避群」よりも有意に平均点が高かった。

4．考察

　研究7-2では就職活動中のサポート資源の活用および認知の促進・抑制要因として援助要請スタイルを取り上げ，特にサポート資源の中でも先輩との関連を検討することを目的とした。

　分散分析の結果,「先輩の認知」については「援助要請過剰群」と「援助要請自立群」が「援助要請回避群」に比べて有意傾向で平均値が高く,「先輩の活用」については「援助要請過剰群」が「援助要請自立群」と「援助要請回避群」に比べて有意に平均値が高かった。これらの結果から,「援助要請過剰群」と「援助要請自立群」は同程度に先輩のサポートを活用できると認知しているが,「援助要請自立群」は実際にはサポートを活用しないこと,「援助要請回避群」は先輩のサポートを活用できると認知しておらず，実際にも活用しないことが窺え，それぞれのスタイルの特徴を反映した結果が示

第7章　就職活動中のサポート資源の促進・抑制要因に関する検討　137

された。

　「援助要請自立群」のように先輩からのサポートの活用可能性は認知しており，自身での解決が困難になったときに，サポートを求める態度は自立的な就職活動を進める上では重要な態度である。しかし，その「先輩の活用」の平均値は $M = 2.54$ と理論的中間値よりも低い値を示した。

　就職活動は職業を通して，自立を図る時期であることから，自立的な援助要請を行う傾向が強まる可能性がある。たしかに就職活動において，自立的に目標に向けて計画を立て，その計画を遂行していくことは重要である。しかし，就職活動は学生にとって新奇な活動であるという指摘（下村・堀，2004）や就職活動中は非常に多忙である（北見ら，2009）ため，十分に問題解決のための自助努力に割く時間を設けることが難しい可能性を考慮すると，就職活動中は「援助要請過剰群」のように積極的にサポートを求める態度も重要であると考えられる。「援助要請過剰群」は抑うつのリスクファクターである他者への再確認傾向を高めることが明らかになっているが，同時に他者信頼感などの対人関係におけるポジティブな変数との関連を持つと予測される（永井，2013）。このことから，一概に「援助要請過剰群」は否定的な援助要請スタイルであるとは言えず，就職活動においても適応的な側面を持つ可能性がある。

第4節　研究7-3　小集団閉鎖性が就職活動中のサポート資源の認知と活用に及ぼす影響

1．目的

　研究7-3では就職活動中のサポート資源の認知および活用の抑制要因として小集団閉鎖性を取り上げ検討を行うことを目的とする。先述の通り，研究7-3では先輩に着目する。

2．方法

調査対象者

就職活動を経験した，大学4年生179名（男性＝42名，女性＝137名）および大学院修士課程2年生22名（男性＝14名，女性＝8名）から回答を得た。調査対象者の平均年齢は22.03歳（$SD = 0.96$）であった。調査対象者は研究7-2と同一である。

調査時期および調査手続き

2013年12月に，インターネット調査会社マクロミルを通じて，ウェブ上で質問項目への回答を得た。

調査内容

(1) デモグラフィック変数

学年，年齢，性別，専門分野（文系・理系）の記入を求めた。

(2) 就職活動中のサポート資源活用尺度

研究2で作成した，資源ごとにサポートを実際に活用した程度を測定する尺度である。9下位尺度27項目から構成されているが，本研究ではそのうちの「先輩からの道具的サポートの活用」（以下，「先輩の活用」）3項目を使用した。「まったくあてはまらない(1)」から「とてもあてはまる(5)」の5件法で回答を求めた。

(3) 就職活動中のサポート資源認知尺度

研究2で作成した，資源ごとにサポートの活用可能性を認知した程度を測定する尺度である。9下位尺度27項目から構成されているが，本研究ではそのうちの「先輩からの道具的サポートの認知」（以下，「先輩の認知」）3項目を使用した。「まったくあてはまらない(1)」から「とてもあてはまる(5)」の5件法で回答を求めた。

(4) 小集団閉鎖性尺度

吉村（2004）によって作成された「小集団内の共行動を優先し，他の小集

団のメンバーと積極的につきあおうとしない態度」である小集団閉鎖性を測定する尺度である。1因子構造7項目から構成され,「まったくあてはまらない(1)」から「とてもあてはまる(5)」の5件法で回答を求めた。

倫理的配慮

調査に関する説明として,調査への協力は自由意思に基づくこと,調査に回答しないことによって不利益を被ることはないことを明記した。なお,本研究は筑波大学人間系研究倫理委員会の承認を得て,実施された。

3．結　果

(1)　記述統計量と α 係数，下位尺度間の相関係数

各尺度の下位尺度ごとに加算平均を求め,下位尺度得点とした。平均値,標準偏差,α 係数,下位尺度間の相関係数を Table 7-5 に示す。α 係数は $\alpha = .84 - .94$ であり,本研究で用いた尺度は一定の内的一貫性を備えているといえる。また,下位尺度間の相関係数に関しては,「先輩の活用」と「先輩の認知」の間においてのみ,有意な中程度の正の相関がみられた。

Table 7-5　基本統計量と α 係数，下位尺度間の相関係数

		平均値	SD	α 係数	相関係数		
					①	②	③
①	先輩の活用	2.67	1.37	.93	—	.68**	-.04
②	先輩の認知	3.09	1.38	.94		—	-.12
③	小集団閉鎖性	3.53	0.77	.84			—

** $p < .01$

(2)　小集団閉鎖性の就職活動中のサポート資源の認知と活用に及ぼす影響

次に「小集団閉鎖性」が「先輩の活用」と「先輩の認知」に及ぼす影響を検討するために共分散構造分析を実施した。第1水準に「小集団閉鎖性」を,第2水準に「先輩の認知」を,第3水準に「先輩の活用」を設定したモデルを構成し,第1水準に含まれる変数から第2水準,第3水準に含まれる変数

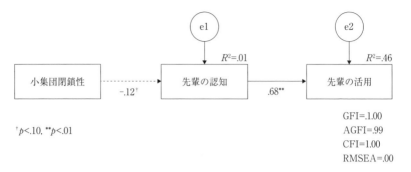

Figure 7-2 共分散構造分析の結果

へ，第2水準に含まれる変数から第3水準に含まれる変数へパスを仮定した。

有意でなかったパスを削除しながら繰り返し分析を行ったところ，最終的にFigure 7-2のモデルが得られた。このモデルの適合度はGFI＝1.00，AGFI＝.99，CFI＝1.00，RMSEA＝.00であり，十分に基準を満たす数値が示された。

まず，「小集団閉鎖性」から「先輩の認知」に対して有意傾向の負のパスが，「先輩の認知」から「先輩の活用」に対して有意な正のパスがみられた。また，「小集団閉鎖性」から「先輩の活用」には直接のパスはみられず，「先輩の認知」を媒介して負の影響を及ぼしていた。

4．考　察

研究7-3では就職活動中のサポート資源の活用および認知の抑制要因として小集団閉鎖性を取り上げ，特にサポート資源の中でも先輩との関連を検討することを目的とした。

共分散構造分析の結果，「小集団閉鎖性」が「先輩の認知」を有意傾向であるものの抑制し，「先輩の認知」を媒介して「先輩の活用」を抑制していた。限定された小集団での関わりのみを重視し，積極的に他の集団に関与しない態度は，大学生活における他者との関わりを限定されたものにしてしま

第7章　就職活動中のサポート資源の促進・抑制要因に関する検討　141

う。そのため，サポートを活用可能な先輩が周囲に存在せず，活用可能性の認知が抑制されると推察される。

　しかし，その影響は有意傾向であり，小さなものであった。小集団での関わりであっても，自身が所属する集団の先輩に対しては，サポートの活用可能性を認知できるため，影響力としては大きなものではない可能性がある。

第5節　研究8　両親の職業への態度認知が就職活動中の
　　　　　　サポート資源の認知と活用に及ぼす影響

1．目　的

　研究8では就職活動中のサポート資源の認知および活用の促進・抑制要因として両親の仕事への態度に関する認知を取り上げ検討することを目的とする。先述の通り，研究8では父親に着目する。

2．方　法

調査対象者

　就職活動を経験した，大学4年生163名（男性＝40名，女性＝123名）および大学院修士課程2年生20名（男性＝13名，女性＝7名）から回答を得た。調査対象者の平均年齢は22.04歳（$SD=0.97$）であった。なお，調査対象者は研究7-2，研究7-3の調査対象者の一部である。

調査時期および調査手続き

　2013年12月に，インターネット調査会社マクロミルを通じて，ウェブ上で質問項目への回答を得た。

調査内容

(1)　デモグラフィック変数

　学年，年齢，性別，専門分野（文系・理系）の記入を求めた。

142 第2部 実証的研究

(2) 就職活動中のサポート資源活用尺度

研究2で作成した，資源ごとにサポートを実際に活用した程度を測定する尺度である。9下位尺度27項目から構成されているが，本研究ではそのうちの「父親からのサポートの活用」（以下，「父親の活用」）3項目を使用した。「まったくあてはまらない(1)」から「とてもあてはまる(5)」の5件法で回答を求めた。

(3) 就職活動中のサポート資源認知尺度

研究2で作成した，資源ごとにサポートの活用可能性を認知した程度を測定する尺度である。9下位尺度27項目から構成されているが，本研究ではそのうちの「父親からのサポートの認知」（以下，「父親の認知」）3項目を使用した。「まったくあてはまらない(1)」から「とてもあてはまる(5)」の5件法で回答を求めた。

(4) 親の態度認知尺度

鹿内（2005）によって作成された，仕事や生き方，子どもの進路について，両親がどのような態度を持っているかを，子どもの認知から測定する尺度である。塚脇ら（2012）が探索的因子分析を実施して得られた因子パターンから，「父親モデル」，「父親指示的態度」，「母親モデル」，「母親指示的態度」17項目を使用した。

また，本研究では，より理解しやすいように尺度名を「両親の職業への態度認知尺度」，下位尺度をそれぞれ「モデルになる父親」，「指示的な父親」，「モデルになる母親」，「指示的な母親」と改めて使用することとした。「モデルになる父親」と「モデルになる母親」はそれぞれ，父親や母親が職業人としてのモデルになると認知している程度を，「指示的な父親」と「指示的な母親」はそれぞれ，父親や母親が進路選択や就職活動に関して指示的であると認知している程度を測定している。「まったくあてはまらない(1)」から「とてもあてはまる(5)」の5件法で回答を求めた。

倫理的配慮

調査に関する説明として，調査への協力は自由意思に基づくこと，調査に回答しないことによって不利益を被ることはないことを明記した。なお，本研究は筑波大学人間系研究倫理委員会の承認を得て，実施された。

3．結果

⑴ 基本統計量とα係数，下位尺度間の相関係数

各尺度の下位尺度ごとに加算平均を求め，下位尺度得点とした。平均値，標準偏差，α係数，下位尺度間の相関係数を Table 7-6 に示す。α係数は「指示的な母親」のみ α＝.60と低いが，その他の下位尺度は α＝.79-.89であり，一定の内的一貫性が確認された。

次に下位尺度間の相関係数の結果について述べる。まず，「父親の活用」については「父親の認知」，「指示的な父親」との間に有意な中程度の正の相関が，残りの両親の職業への態度認知尺度の３つの下位尺度との間に有意な弱い正の相関が示された。また，「父親の認知」については両親の職業への態度認知尺度の４つの下位尺度との間に有意な弱い正の相関がみられた。両親の職業への態度認知尺度の下位尺度間では，「モデルになる父親」と「モデルになる母親」間で有意な弱い正の相関が，「指示的な母親」と「指示的な父親」，「モデルになる母親」との間に有意な中程度の正の相関が示された。

Table 7-6　基本統計量とα係数，下位尺度間の相関係数

		平均値	SD	α係数	相関係数 ①	②	③	④	⑤	⑥
①	父親の活用	2.21	1.18	.86	—	.71**	.29**	.40**	.22**	.20**
②	父親の認知	2.65	1.27	.89		—	.38**	.33**	.30**	.16*
③	モデルになる父親	3.46	0.96	.82			—	.10	.35**	.12
④	指示的な父親	2.30	1.03	.79				—	.09	.40**
⑤	モデルになる母親	3.22	1.03	.86					—	.47**
⑥	指示的な母親	2.89	0.76	.60						—

$**p < .01$

(2) 両親の職業への態度認知尺度のクラスター分析

学生が両親の職業への態度をどのように認知しているのか総体的に捉えるために，親の態度認知尺度の4下位尺度を標準化した上で，K-means法によるクラスター分析を行った。クラスター数を2つから順に増やしていき，解釈可能性から4つのクラスターを採用したところ，各クラスターの特徴は研究6で導出されたクラスターと類似した特徴を持っていた（Figure 7-3）。クラスター1は「指示的な父親」と「指示的な母親」の得点が高い「指示的両親群」（N=59），クラスター2は「モデルになる父親」，「指示的な父親」の得点が低い「父親関与低群」（N=33），クラスター3はいずれの下位尺度得点も低い「無関心な両親群」（N=25），クラスター4は「モデルになる父親」と「モデルになる」母親の得点が高い「両親モデル群」（N=66）である。また，各クラスターにおける両親の職業への態度認知尺度の平均点をTable 7-7に示した。

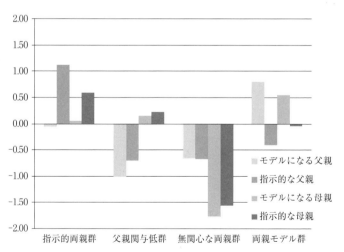

Figure 7-3 両親の職業への態度認知尺度における4クラスターのプロフィール

第 7 章　就職活動中のサポート資源の促進・抑制要因に関する検討　145

Table 7-7　クラスターごとの両親の仕事への態度認知の基本統計量

		指示的両親群	父親関与低群	無関心な両親群	両親モデル群
		$N=59$	$N=33$	$N=25$	$N=66$
モデルになる父親	M	3.41	2.48	2.82	4.23
	SD	0.63	0.71	1.19	0.46
指示的な父親	M	3.46	1.58	1.60	1.88
	SD	0.60	0.59	0.94	0.55
モデルになる母親	M	3.27	3.37	1.39	3.78
	SD	0.69	0.77	0.44	0.76
指示的な母親	M	3.34	3.06	1.71	2.86
	SD	0.54	0.57	0.64	0.55

⑶　**両親の職業への態度認知が就職活動中のサポート資源の認知と活用に及ぼす影響**

　次に両親の職業への態度認知が「父親の活用」と「父親の認知」に及ぼす影響を検討するために，両親の職業への態度認知によるクラスターを独立変数とし，「父親の活用」と「父親の認知」を従属変数とする一要因分散分析を行った（Table 7-8）。

　その結果，「父親の活用（$F(3,179)=13.42$, $p<.01$）」と「父親の認知（$F(3,179)=10.76$, $p<.01$）」で群間の平均点の差が有意であった。Tukey のHSD 法による多重比較を行ったところ，「父親の活用」と「父親の認知」の

Table 7-8　クラスターを独立変数とした 1 要因分散分析の結果

		指示的両親群	父親関与低群	無関心な両親群	両親モデル群	F 値	多重比較 （Tukey 法）
		$N=59$	$N=33$	$N=25$	$N=66$		
父親の活用	M	2.79	1.59	1.48	2.29	$F=13.42^{**}$	指示的両親群，両親モデル群＞ 父親関与低群，無関心な両親群
	SD	1.16	0.74	0.96	1.18		
父親の認知	M	2.99	2.09	1.73	2.96	$F=10.76^{**}$	指示的両親群，両親モデル群＞ 父親関与低群，無関心な両親群
	SD	1.12	1.19	1.07	1.27		

$^{**}p<.01$

146　第 2 部　実証的研究

いずれにおいても「指示的両親群」と「両親モデル群」が「父親関与低群」
と「無関心な両親群」よりも有意に平均点が高かった。

4．考察

　研究 8 では就職活動中のサポート資源の認知および活用の促進・抑制要因
として両親の仕事への態度に関する認知を取り上げ，特にサポート資源の中
でも父親との関連を検討することを目的とした。

　まず，両親への職業への態度認知尺度の下位尺度得点を用いてクラスター
分析を行ったところ，研究 6 と同様に両親をともに職業人としてのモデルに
なると認知している「両親モデル群」，両親はともに自身の就職活動に関し
て指示的である「指示的両親群」，父親は職業人としてのモデルにならず，
指示的な関与も少ない「父親関与低群」，両親ともにモデルにならず，指示
的な関与も少ない「無関心な両親群」に分類された。

　次に，両親の職業への態度認知尺度によって分類されたクラスターを独立
変数とし，就職活動中の「父親の活用」および「父親の認知」を従属変数と
した一要因分散分析を行った。その結果，「父親の活用」，「父親の認知」の
いずれにおいても「指示的両親群」と「両親モデル群」が「父親関与低群」
と「無関心な両親群」より有意に高かった。この結果も研究 6 と同様の結果
である。

　「両親モデル群」と「指示的両親群」は，自律的か他律的かを問わず，親
子間における職業に関する話題が多い群であり，「父親関与低群」と「無関
心な両親群」はコミュニケーション自体が希薄な群である。そのため，前者
2 群の方が後者 2 群よりも，父親のサポートの活用可能性を高く認知し，実
際にそのサポートを活用していると考えられる。

　しかしながら，自律的に職業について考えるきっかけになるような，仕事
に対する肯定的態度を家庭で示す「両親モデル群」と，両親からのコミュニ
ケーションが活発な「指示的両親群」の間には有意差がみられなかった。こ

のことから，就職活動中に父親のサポートの活用可能性を高く認知できたり，実際に活用することには自律的に職業について考えるか，あるいは他律的に職業について考えるかという質的な面よりもコミュニケーションの頻度が大きく関与していると考えられる。

　両親をモデルと考えている群では主体的に父親にサポートを求めやすい環境であり，そのサポートの内容は支持的で受容的なものであろう。一方で，指示的なコミュニケーションが多い群では，学生は受動的にサポートが与えられる環境であり，そのサポート内容は親の意向が反映された指示的なものであると考えられる。しかし，研究6と同じく研究8においても量的な検討しか行っていないという限界があり，今後はサポートの質的な面についての検討も必要である。

第6節　研究7と研究8のまとめ

　研究7および研究8では，研究4の結果，先輩と父親が就職活動における有効なサポート資源であることが明らかになったため，それらの促進要因・抑制要因を明らかにした。それぞれ関連のあった変数について，Table 7-9，Table 7-10にまとめた。

　「先輩の認知」については，「適切な援助者の選択」に関するスキルが促進要因であり，「小集団閉鎖性」が抑制要因であった。また，「援助要請過剰群」と「援助要請自立群」が「援助要請回避群」よりも「先輩の認知」の得点が高かった。「先輩の活用」については，「適切な援助者の選択」が促進要因であった。「適切な援助者の選択」に関するスキルについては「先輩の認知」を媒介した促進効果もみられた。また，「小集団閉鎖性」からの直接的な影響はなかったが，「先輩の認知」を媒介した抑制効果がみられた。そして，「援助要請過剰群」が「援助要請自立群」と「援助要請回避群」よりも「先輩の活用」の得点が高かった。

148   第2部　実証的研究

Table 7-9　研究7のまとめ

	先輩の認知	先輩の活用
援助要請の方法		
適切な援助者の選択	+	+（+）
相手に伝える内容		
援助要請自立群	+	−
援助要請過剰群	+	+
援助要請回避群	−	−
小集団閉鎖性	−	（−）

注）促進要因：+，抑制要因：−，括弧内は媒介効果

Table 7-10　研究8のまとめ

	父親の認知	父親の活用
両親モデル群	+	+
指示的両親群	+	+
父親関与低群	−	−
無関心な両親群	−	−

注）促進要因：+，抑制要因：−

　「父親の認知」と「父親の活用」については，いずれも「指示的両親群」と「両親モデル群」の方が「父親関与低群」と「無関心な両親群」よりも得点が高かった。

第3部　総合考察

第8章　結果のまとめと考察

第1節　本章の目的

　本章では，まず本研究の3つの目的，すなわち①進路選択および就職活動の文脈に即したサポート資源の認知と活用を測定する尺度を開発すること，②サポート資源の認知と活用が進路選択および就職活動に及ぼす影響を検討すること，③サポート資源の認知と活用の促進・抑制要因を明らかにすることについて，本研究で得られた知見をまとめる。次に，得られた結果をもとに考察を行う。

第2節　本研究の結果のまとめ

進路選択および就職活動の文脈に即したサポート資源の認知と活用を測定する尺度の開発

　第3章研究1および第4章研究2では進路選択と就職活動の文脈に即したサポート資源の認知と活用を測定する尺度を開発した。まず研究1-1で自由記述式質問紙によって，自身の進路について悩んだときに，どのような資源からのどのようなサポートを活用しているのか明らかにした。そして，その結果に基づいて質問項目を作成し，研究1-2では進路選択に関するサポート資源認知尺度および活用尺度の原版を用いて，その因子構造と信頼性・妥当性の検討を行った。進路選択に関するサポート資源活用尺度の探索的因子分析の結果，8因子構造が見出された。しかし，当初作成された尺度は項目数が多く，実際の利用には困難が伴うため，各因子から因子負荷量の高い3項

目を選択し，尺度の簡便化を図った。再度，探索的因子分析を実施したところ，8因子が見出され，進路選択に関するサポート資源活用尺度は8因子24項目から構成された。信頼性と妥当性の検討に関しては，信頼性係数の値は十分な値を示したが，被援助志向性との関連において「大学教員の活用」と「インターネットの活用」で予想された相関関係がみられなかった。

　また，進路選択に関するサポート資源認知尺度については，進路選択に関するサポート資源活用尺度に対応させて尺度を構成し，確認的因子分析を通して因子構造の確認を行った。分析の結果，おおむね十分な適合度指標を示し，進路選択に関するサポート資源認知尺度は8因子24項目から構成された。また，信頼性係数は十分な値を示した。進路選択に関するサポート資源認知尺度は活用尺度との対応性を重視して作成されたため，妥当性に関して「大学教員の認知」，「インターネットの認知」，「書籍の認知」において予想された相関がみられなかったが，活用尺度との関連を検討できる有用な尺度を作成することができたといえる。

　研究2-1では自由記述式質問紙と半構造化面接によって，就職活動中に，どのような資源からのどのようなサポートを活用しているのか明らかにした。そして，その結果に基づいて質問項目を作成し，研究2-2では就職活動中のサポート資源認知尺度および活用尺度の原版を用いて，その因子構造と信頼性・妥当性の検討を行った。就職活動中のサポート資源活用尺度の探索的因子分析の結果，9因子構造が見出された。しかし，当初作成された尺度は項目数が多く，実際の利用には困難が伴うため，各因子から因子負荷量の高い3項目を選択し，尺度の簡便化を図った。再度，探索的因子分析を実施したところ，9因子が見出され，就職活動中のサポート資源活用尺度は9因子27項目から構成された。信頼性の検討に関しては，「就職サイトの活用」において信頼性係数が低い値であったが，その他の下位尺度では十分な値を示した。妥当性の検討については，家族資源の活用と被援助志向性との関連において予想された相関関係がみられなかった。脇本（2008）によると家族への

援助要請行動は援助要請行動をみなされない場合があり，他の尺度との相関係数を確認するなど再検討の余地が残された。

また，就職活動中のサポート資源認知尺度については，就職活動中のサポート資源活用尺度に対応させて尺度を構成し，確認的因子分析を通して因子構造の確認を行った。分析の結果，おおむね十分な適合度指標を示し，就職活動中のサポート資源認知尺度は9因子27項目から構成された。信頼性係数は十分な値を示した。就職活動中のサポート資源認知尺度は活用尺度との対応性を重視して作成されたため，妥当性に関して「父親の認知」，「母親の道具的認知」，「就職サイトの認知」において予想された相関がみられなかったが，活用尺度との関連を検討できる有用な尺度を作成することができたといえる。

サポート資源の認知と活用が進路選択および就職活動に及ぼす影響の検討

第5章研究3と研究4ではサポート資源の認知と活用が進路選択と就職活動に及ぼす影響を，認知と活用の機能の違いから検討した。すなわち，サポート資源の認知は予防的に不安を低減するよう働き，サポート資源の活用は喚起された不安への対処として用いられ，不安の悪影響を緩和するよう働くというモデルに基づいて，検討を行った。

研究3では，サポート資源の認知が進路選択不安を予防的に低減すること，進路選択不安への対処としてサポート資源が活用され，不安のキャリア意識および進路決定への悪影響を緩和することを検討した。共分散構造分析の結果，「友人の認知」が「自己理解不安」を予防的に低減することが明らかになった。また，「職業理解不安」に対して「友人の活用」が対処として機能していた。また，この対処によって，不安による悪影響が低減され，将来像がより明確に描けること，進路選択における模索や将来像に向けての活動を実行することにつながっていた。しかし，「自己理解不安」に関しては，「父親の活用」と「大学教員の活用」，「インターネットの活用」が負の関連を持っており，不安が高まることで資源が活用されるという予測とは反対の結果

となった。不安が高いほどこれらの対処を用いない傾向があるが，これらの資源を活用することは進路決定や将来像の明確化，その将来像を実現するための活動に結びついているなど，おおむね良好な影響がみられた。以上から，進路選択においては「友人の認知」が予防的な機能を持ち，「友人の活用」が対処的な機能を持っていることが明らかになった。また，不安によって活用を抑制されてしまうが，「父親の活用」と「大学教員の活用」，「インターネットの活用」が有効な対処として機能することが示された。

　研究4では，サポート資源の認知が就職活動不安を予防的に低減すること，就職活動不安への対処としてサポート資源が活用され，不安の就職活動の活動量および就職活動中の精神的健康への悪影響を緩和することを検討した。共分散構造分析の結果，「先輩の認知」が就職活動不安を予防的に低減することが明らかになった。また，就職活動不安に対して「先輩の活用」と「父親の活用」が対処として機能していた。また，この対処によって，不安による悪影響が低減され，活動量の促進につながっていた。また，「先輩の活用」は「状態自尊感情」の高揚に寄与し，不安の悪影響を低減していた。以上から，就職活動においては「先輩の認知」が予防的な機能を持っており，「先輩の活用」と「父親の活用」が対処的な機能を持っていることが明らかになった。

サポート資源の認知と活用の促進・抑制要因の検討

　第6章研究5および研究6と第7章研究7および研究8では，研究3と研究4で明らかになった，進路選択と就職活動で有効なサポート資源の認知と活用を促進・抑制する要因を明らかにした。

　研究5では介入可能性の観点から援助要請スキルと援助要請スタイルを，大学生活の過ごし方への示唆を得るために小集団閉鎖性を取り上げて，進路選択に関するサポート資源のうち友人，大学教員，インターネットへの影響を検討した。

その結果,「友人の認知」については,「援助要請の方法」に関するスキルや「適切な援助者の選択」に関するスキルが促進要因であり,「小集団閉鎖性」が抑制要因であった。また,「援助要請過剰群」と「援助要請自立群」が「援助要請回避群」よりも「友人の認知」得点が高かった。「友人の活用」については,「援助要請の方法」に関するスキルが促進要因であり,「適切な援助者の選択」に関するスキルが抑制要因であった。「援助要請の方法」と「適切な援助者の選択」に関するスキルについては,「友人の認知」を媒介した促進効果も確認された。また,「小集団閉鎖性」からの直接的な影響はみられなかったが,「友人の認知」を媒介した抑制効果が示された。そして,「援助要請過剰群」が「援助要請自立群」と「援助要請回避群」よりも「友人の活用」の得点が高かった。

「大学教員の認知」については,「小集団閉鎖性」が抑制要因であった。また,「大学教員の活用」については,「相手に伝える内容」に関するスキルが促進要因であり,「小集団閉鎖性」からの直接的な影響はみとめられなかったが,「大学教員の認知」を媒介した抑制効果がみられた。そして,「援助要請過剰群」と「援助要請自立群」が「援助要請回避群」よりも「大学教員の活用」得点が高かった。

「インターネットの認知」については,「援助要請の方法」に関するスキルが促進要因であり,「小集団閉鎖性」が抑制要因であった。「インターネットの活用」については,いずれの変数からも直接的な影響はなかったが,「インターネットの認知」を媒介して,「援助要請の方法」と「小集団閉鎖性」からの促進・抑制効果がみられた。

研究6では,家族の学生への接し方への示唆を得るために,両親の職業への態度認知を取り上げて,進路選択に関するサポート資源のうち父親に及ぼす影響を検討した。

まず,学生が両親の職業への態度をどのように認知しているのか総体的に捉えるために,両親の職業への態度認知尺度の4下位尺度についてクラスタ

ー分析を行ったところ,「両親モデル群」,「指示的両親群」,「父親関与低群」,「無関心な両親群」の４群が得られた。これらの群を独立変数とし,「父親の認知」と「父親の活用」を従属変数とした一要因分散分析を実施した結果,「父親の認知」と「父親の活用」は,いずれも「両親モデル群」と「指示的両親群」の方が「無関心な両親群」と「父親関与低群」よりも得点が高いことが明らかになった。

　研究７では研究５と同様に介入可能性の観点から援助要請スキルと援助要請スタイルを,大学生活の過ごし方への示唆を得るために小集団閉鎖性を取り上げて,就職活動中のサポート資源のうち先輩への影響を検討した。

　その結果,「先輩の認知」については,「適切な援助者の選択」に関するスキルが促進要因であり,「小集団閉鎖性」が抑制要因であった。また,「援助要請過剰群」と「援助要請自立群」が「援助要請回避群」よりも「先輩の認知」得点が高かった。「先輩の活用」については,「適切な援助者の選択」が促進要因であった。「適切な援助者の選択」に関するスキルについては「先輩の認知」を媒介した促進効果もみられた。また,「小集団閉鎖性」からの直接的な影響はなかったが,「先輩の認知」を媒介した抑制効果が示された。そして,「援助要請過剰群」が「援助要請自立群」と「援助要請回避群」よりも「先輩の活用」の得点が高かった。

　研究８では,研究６と同様に家族の学生への接し方への示唆を得るために,両親の職業への態度の認知を取り上げて,就職活動中のサポート資源のうち父親に及ぼす影響を検討した。

　まず,学生が両親の職業への態度をどのように認知しているのか総体的に捉えるために,両親の職業への態度認知尺度の４下位尺度についてクラスター分析を行ったところ,研究６と同様の「両親モデル群」,「指示的両親群」,「父親関与低群」,「無関心な両親群」の４群が得られた。これらの群を独立変数とし,「父親の認知」と「父親の活用」を従属変数とした一要因分散分析を実施した結果,「父親の認知」と「父親の活用」は,いずれも「指示的

両親群」と「両親モデル群」の方が「父親関与低群」と「無関心な両親群」よりも得点が高いことが明らかになった。

第3節　本研究の考察

サポート資源の認知と活用を別個に測定したことの意義

　本研究の結果，Cohen & Wills（1985）のモデルで示唆されたように，サポート資源の認知とサポート資源の活用には異なる機能が備わっていることが示された。すなわち，サポート資源の認知には出来事の脅威度の認知を軽減することによって不安を予防的に低減する機能が，サポート資源の活用には賦活された不安への対処としての機能が備わっていた。このことから問題が生じる前の予防と問題が生じた後の対処の両面が重要であることの実証的根拠が得られた。

　そして，このモデルの有効性は進路選択場面においても就職活動場面においても確認された。今後，このモデルを異なる状況にも応用し，予防と対処の2側面からの実証的研究を積み重ねていくことが重要である。しかし，このモデルに不安を適用する場合，後述するような問題点が生じることも明らかになった。

　進路選択場面においては，友人からのサポートを得られるという認知が，就職活動場面においては，先輩からのサポートを得られるという認知が，それぞれ進路選択と就職活動の脅威度の認知を下げ，不安を緩和するといった予防的効果がみられた。進路選択には正解がないため，同じ問題に取り組む友人がいるということが安心感につながり，不安の低減に寄与するのであろう。一方，就職活動の進め方にはある程度のセオリーがあることから，そのような情報を提供してくれる先輩が周囲にいることが不安の低減につながると考えられる。このようにサポート資源の認知は予防的に不安の低減に寄与すると考えられるが，そこで生じているメカニズムは直面している問題の性

158 第3部 総合考察

質によって異なると言える。

　また，不安への対処については，進路選択では，友人からのサポートを，就職活動では先輩や父親のサポートを活用し，不安の悪影響を減じていた。これらもサポート資源の認知と同様の理由から対処として選択されるのであろう。すなわち，進路選択はひとつの正解のない過程であるため，同じ悩みを持つ友人と支え合う対処がとられ，就職活動には一定のセオリーがあることから先輩または職業人である父親からのサポートが対処として用いられると考えられる。

　特に友人からのサポートについては，就職達成を促さないものの，就職活動の過程を支える可能性が指摘されていた（中島・無藤，2007：下村・堀，2004）が，本研究では友人資源の認知と活用によって，不安が緩和され，進路選択が有効に進められるという視点を提示することができた。本研究では直接的に進路選択と就職活動の関連を検討していないが，このような友人資源の機能が，後の就職活動に対しても良好な影響を及ぼす可能性がある。

　次に，不安を Cohen & Wills（1985）のモデルに適用する際の問題点について述べる。進路選択場面では，不安が喚起された際に，資源の活用による対処が促されるだけでなく，父親資源や大学教員資源，インターネット資源の活用による対処が抑制されるという結果がみられた。Cohen & Wills（1985）のモデルはストレッサーを想定したモデルであったため，このように異なる結果となったのであろう。このことから，不安に直面した際には，必ずしも解決志向的な対処が行われるだけではなく，有効な対処から回避してしまう可能性もあることが示唆された。すなわち，不安の種類によって，回避行動が生じるため，資源の活用による対処を高めることが困難になる可能性がある。

進路選択と就職活動を別個に扱うことの有用性と限界

　本研究では，進路選択と就職活動で生じる問題が異なることを考慮して，

それぞれの場面に即した尺度を作成し，それぞれの場面で生じる問題について検討を行った。

嶋（1992）がサポートとストレッサーの適合性を明らかにすることの重要性を指摘するように，問題ごとによって有効なサポート資源を明らかにする必要がある。本研究では進路選択と就職活動を分けて検討したことによって，それぞれの場面の性質に即したサポート資源を明らかにすることができた。このような意味において，進路選択と就職活動を別個に扱うことは有用であった。しかし，別個に扱ったことによる限界も存在する。

本研究では，進路選択の後に就職活動が開始されるという前後関係を想定していた。しかし，就職活動が開始された後にも進路選択の過程は並行して続いていく。企業・業界研究を行ったり，採用試験を受けることを通じて，自身が志望していた進路を変更したり，新たに志望する進路を発見したりすることもあるだろう。近年，キャリアカウンセリングの文脈では，自身の特性と職業の特性のマッチングから進路を決定することよりも，偶発的な出来事をみずからの主体性や努力によってキャリアに活かしていくことが強調されている（計画的偶発性理論 planned happenstance theory; Krumboltz & Levin, 2004）。

本研究では，このような進路選択と就職活動の相互作用については扱っていないという限界がある。しかし，本研究では下村・木村（1997）の企業の採用スケジュールに乗り遅れることが内定獲得を困難にするという指摘に基づいて，就職活動の開始までに進路を選択し，就職活動を円滑にスタートすることを重視したことを踏まえれば，本研究の意義はいささかも薄れるものではないと言えるだろう。

サポート資源の促進要因と抑制要因への介入

サポートの資源の認知と活用を促すには，①援助要請スキルを高めること，②必要に応じて援助要請を行うだけでなく，ときには些細な問題であっても

160　第3部　総合考察

援助要請を行うこと，③大学生活では小集団での関わりに留まらず，いろいろな場に出ていくこと，④両親が子どもの進路選択や就職活動に積極的に関わり，職業人としてのモデルを示すことの有用性が明らかになった。

　①については，ソーシャルスキルトレーニング，②については認知再構成法と心理教育，ガイダンスなどによる介入が可能であろう。それらを組み合わせた集団認知行動療法も有用である。

　③については，大学生活の過ごし方への示唆を与える結果となった。大学生活を通して様々な集団に所属したり，新しい環境に出かけていき，いろいろな啓発的体験を持つことの重要性が，サポート資源の認知という観点からも確認された。

　④については，進路選択または就職活動に臨む青年への両親の関わり方へ示唆を与える結果となった。職業人としてのモデルを示すことや，積極的に子どもの進路選択や就職活動に関わることへの一定の有効性が示された。

　これらの知見を具体的にどのように臨床実践に結びつけるか，また大学教育に位置づけるかについては，第10章で具体的に述べる。

第4節　本研究の結論

　最後に本研究の結論を述べる。本研究の結論は，サポート資源の認知には予防的機能が，サポート資源の活用には対処的機能が，それぞれ備わっており，Cohen & Wills（1985）のモデルは進路選択にも就職活動にも応用可能であるということである。また，より具体的な結論は，①進路選択においては友人からのサポートの認知が，就職活動では先輩からの道具的サポートの認知が不安の予防的要因として機能すること，②不安に対して，進路選択においては友人からのサポート，父親からのサポート，大学教員からのサポートを活用することやインターネットを活用すること，就職活動では先輩からの道具的サポートと父親からのサポートを活用することによって対処すること

が，不安の悪影響を減じること，③それらの資源を有効に活用するには，援助要請スキル，援助要請スタイル，小集団閉鎖性，両親の仕事への態度に介入することが有用であること，の3点である。

第9章　本研究の限界と今後の課題

第1節　本章の目的

　本章では，本研究の限界と今後の課題について述べる。まず，1点目として，サポート資源の認知と活用の機能に関して検討した研究3および研究4のサンプル収集が一時点であることに関する問題について，2点目として，研究3および研究7-1のサンプル数が少ない問題について，3点目として，研究7および研究8が回顧法による回答である問題について述べる。最後に4点目として進路選択と就職活動のつながりについて実証データに基づいて明らかにしていない問題を取り上げる。

第2節　サポート資源の認知と活用の機能に関する課題
　　　（研究3・研究4）

　本研究では，サポート資源の認知と活用の機能をそれぞれ検討した。すなわち，サポート資源の認知は問題の発生の予防に寄与する側面があり，サポート資源の活用は問題が発生した後の対処として機能する側面があることを明らかにした。しかしながら，これらを検討した研究3および研究4のデータは一時点のデータであるため，実際に時系列に基づいて，それぞれが予防的な機能と対処的機能を備えていることを示したわけではない。このことから，今後は短期縦断的検討を行うことで，サポート資源の認知と活用のそれぞれが時系列に従って機能する様相を明らかにする必要がある。

164　第3部　総合考察

第3節　サンプル数の少なさに関する課題（研究4・研究7-1）

　本研究の一部では就職活動中の学生や就職活動を経験した学生を対象とした。就職活動中の学生は活動が多忙であることや高学年になるほど履修している講義が少なくなり，大学で過ごす時間が減ることからデータを収集することが困難になる。そのため，研究4と研究7-1のサンプル数は十分ではなかった。今後は研究7-2や研究7-3，研究8のようにウェブ調査などを用いるなど工夫をして，サンプル数を増やし，本研究の結果の再現性を確認することが重要である。

第4節　回顧法による回答の歪みに関する課題（研究7・研究8）

　研究7と研究8は就職活動中の学生を対象に研究することの困難さから，就職活動を経験した学生を対象に研究を実施し，就職活動に取り組んでいたときの自身について振り返って回答を求めた。就職活動の結果に関する内容は尋ねていないため，就職活動の結果によって体験の意味づけが変化し，回答に大きな歪みが生じることは避けることができている。しかし，就職活動は学生にとって大きなライフイベントであることから援助要請に関する個人内要因や周囲の人々との関係に変容が生じている可能性は否定しきれない。したがって，今後の研究では就職活動中の学生を対象にすることが求められる。また，就職活動の過程によって，どのように変数が変容していくか，短期縦断研究によって捉えていくことも肝要である。

第5節　進路選択と就職活動の関連に関する課題

　本研究では，大学生の進路選択と就職活動の両方に注目することによって，

第9章　本研究の限界と今後の課題　　165

大学生活を通して自身のキャリアを模索し，実際にその目標の実現に向けて活動していく過程を別個に検討することが可能になり，それぞれの場面において有効なサポート資源が明らかになった。しかしながら，本研究では進路選択と就職活動をそれぞれ別個に検討したため，この2つの過程がどのように関連しているか明らかになっていない。すなわち，進路選択の結果が就職活動に及ぼす影響については検討しなかった。また就職活動を開始した後も並行して進路選択は行われる。具体的には，企業・業界研究を行ったり，採用試験を受けることを通じて，自身が志望していた進路を変更したり，新たに志望する進路を発見したりすることもあるだろう。特に近年のキャリアカウンセリングでは，偶発的な出来事を自身のキャリアに活かすことが重要であると考えられるようになってきている（Krumboltz & Levin, 2004）。

　本研究では，下村・木村（1997）の指摘に基づいて就職活動をスムーズに開始していくことを重要視したため，就職活動を開始する前の進路選択に注目した。今後は進路選択の結果が就職活動の取り組みに及ぼす影響や就職活動が進む中で生じる進路選択について検討することも意義深いだろう。

第10章　実践活動への示唆

第1節　本章の目的

　本章では本研究で得られた成果に基づき，キャリア支援やキャリア教育，就職活動支援などの実践活動への提言を行う。

第2節　進路選択支援への提言

　本研究では「友人の認知」が進路選択への不安とその悪影響を低減し，「友人の活用」，「父親の活用」，「大学教員の活用」，「インターネットの活用」を不安への対処として用いることによって，不安の悪影響をおおむね緩和していた。

　まず，友人，大学教員，インターネットについて述べていく。大学生の友人関係の特徴として，大学への環境移行に伴って友人関係の再構築が求められることが挙げられる。千島・水野（2015）は多くの大学生が入学前に期待していた友人関係と現実の友人関係にギャップを感じていることを報告しており，適応的に友人関係を再構築していくことは大学生にとってのひとつの課題である。したがって，サークルやクラス単位の授業などを通して，自然と友人関係を構築できる学生については問題ないが，対人関係に困難を抱える学生が孤立しないように，配慮していくことが重要である。初年次教育におけるオリエンテーション活動や構成的エンカウンターグループなどは有用であろう。オリエンテーション活動では，合宿や校外学習，スポーツ大会のようなクラス・専攻内，クラス・専攻間の交流が促進されるような活動が望

168　第3部　総合考察

まれる。これらの取り組みは大学生活全体の適応を促進することを目的とし
たものであるが，本研究の知見からはキャリアに関連する課題に対しても有
用な取り組みとなることが示唆された。また初年次教育やキャリア教育だけ
ではなく，多くの講義の中でグループワークやディスカッションを取り入れ，
同世代同士の交流を増やしていくことも取り組みとして考えられよう。この
ような講義スタイルは単なる知識伝達型の講義以上に，学生に主体的な取り
組みを求めるものであるため，専門教育の質の向上にもつながる可能性があ
る。なお，グループワークやディスカッションのグループを作る際には，席
の近い者同士でグループを作るのではなく，トランプやくじ引きを利用して
ランダムにグループ編成を行うことが望ましい。その他，学生相談室などが
主催している講義の空き時間のグループ活動もサポートネットワークを広げ
る試みとして挙げられる。たとえば，筑波大学の学生相談室では「いろんな
ボードゲームでコミュニケーション」と題して，ボードゲームを通じた交流
の機会を企画している（筑波大学，2012）。

　大学教員に関しては大学設置基準の改正に伴い，大学教育に関わるすべて
の者がキャリア教育の担い手とされている。このような理念上での役割だけ
ではなく，本研究では大学教員のサポートの有用性が確認された。FD 研修
会などで学生からの相談の受け方に関する研修会を開催することや学内にど
のような資源があるのか周知することは，クラスやゼミの学生への進路相談
をよりよく行うことができるようになるために有用であると考えられる。ま
た，大学教員はキャリア教育の担い手であるという意識の改革を推進してい
くことも必要であろう。

　インターネットは非常に手軽なツールであり，ほとんどの学生が PC やタ
ブレット，スマートフォンなどを用いて，利用している。そのため，インタ
ーネットを用いて進路に関する情報を得るよう方向づけることは容易である
と考えられる。しかし，本研究の結果や先行研究（下村，2001；下村・堀，
2001）からも示されたようにインターネットで得られる情報は非常に多岐に

わたるため，インターネット利用が進路決定を混乱させてしまう可能性がある。また，インターネット上には「一般的な」進路選択に関する情報も多く，それらと現在の自分とのギャップによって苦しめられることもあるかもしれない。つまり，インターネット上の豊富な情報は両刃の剣になりうる。そのため，ただ闇雲にインターネットの情報を収集して進路選択を進めていくのではなく，キャリア教育やキャリア支援活動の中で，どのような目的でどのような情報を集める必要があるのか目標を立てて行うことが必須である。受動的に情報にさらされるのではなく，主体的な情報収集が求められるだろう。具体的には，自己理解のためにインターネット上の適性検査を行う，職業理解のために就職サイトを利用するといったように目的を明確にすることが考えられる。さらに，インターネット上の情報の真偽を判断する能力を培うためのメディアリテラシーの教育も重要である。

　また，これらの資源の認知と活用に援助要請スキルや援助要請スタイル，小集団閉鎖性が関連を持っていた。援助要請スキルへの介入についての実践例として本田・新井（2010a）と本田・新井（2010b）がある。このプログラムは対象によって援助要請スキルの上昇がみられないという限界はあるものの，50分2回で実施できる簡便なプログラムである。「ほう・れん・そう」に象徴されるように，社会に出た後にも援助要請（相談）するためのスキルは重要であると考えられるため，援助要請スキルに関するトレーニングをキャリア教育の一環として取り入れることは意義深いだろう。援助要請スタイルについては「援助要請回避群」が他の群よりもサポート資源の活用可能性の認知も活用もいずれも低かった。先述のプログラム（本田・新井，2010a）には援助要請に対する態度の肯定的な変化を目的とした心理教育も含まれていることから，援助要請スタイルの変容にも有効である可能性がある。また，「援助要請回避群」は援助要請に対する極端な認知を持っている可能性もある。集団認知行動療法による認知再構成法のような取り組みも有用であるかもしれない。

170　第3部　総合考察

　小集団閉鎖性については，いずれの資源のサポートの利用可能性を低めており，異なる他者との関わりを通した啓発的経験が重要であると考えられる。先述したようなオリエンテーションや構成的エンカウンター，キャリア教育におけるグループワーク，援助要請スキルへの介入プログラムはいずれも，異なる他者との出会いを提供するものでもある。しかし，小集団閉鎖性の高い学生は，このような企画やプログラムへの参加を避けたり，厭う傾向があると考えられるため，参加のしやすい工夫や広報活動が求められる。これらに関してはおおむねこれまでにも実践がなされてきた活動であり，その活動の有効性に関して実証的データから根拠を提供できたと考えられる。

　次に父親資源について述べる。中学生のキャリア教育では職場体験を体験することをきっかけに，家庭で両親と職業について話題にすることが期待されている（下村，2009）。進路選択についても同様に家庭で進路について話題にできるような取り組みが期待される。具体的には父母の進路選択についてインタビューするような課題をキャリア教育の一環として導入することが考えられる。また，父親資源は両親と進路に関する話題が頻繁にできるほど，活用可能性を高く認知し，実際に活用もするため，両親が学生自身の自律性を損なわない程度に進路に関する話題を家庭で取り上げることが重要である。

第3節　就職活動支援への提言

　本研究では「先輩の認知」を高めることが予防的に就職活動不安とその悪影響を低減することが明らかになった。また，「先輩の活用」，「父親の活用」によって不安に対処し，活動が促進され，状態自尊感情への悪影響を緩和することが示された。

　まず，先輩資源について述べる。多くの大学では就職課やキャリアセンターの主催で，内定を獲得した先輩の就職活動の体験談を聞く企画が設けられている。このような取り組みは「先輩の活用」であるため，有効なキャリア

支援であることが実証データから示された。しかしながら，このような取り組みは一時点の取り組みであるため，継続的に先輩のサポートを活用することは困難であり，先輩のサポートの利用可能性を認知することにもつながりにくい。岐阜経済大学（2010）では文部科学省の大学教育・学生支援推進事業の支援のもとで，就職活動を終えた大学4年生がこれから就職活動を始める学生に対して，メンターとして就職活動をサポートする取り組みを行っている。この取り組みは継続的なものであるため，身近に就職活動をした先輩がいない学生にとってもサポートの利用可能性の認知を高めるものであると考えられる。

また，先輩資源の認知と活用に援助要請スキル，援助要請スタイル，小集団閉鎖性が関連を持っていた。援助要請スキルと援助要請スタイルについては進路支援の項で述べたことと同様のことが就職活動支援においてもあてはまる。実際に就職活動がはじまってから先述したような取り組みに参加することは困難である可能性があることから，進路選択支援の段階で援助要請スキルを高め，援助が求めやすいスタイルに変容を促すことが肝要である。進路支援と異なる点としては，「援助要請自立群」の得点が理論的中間値を下回っていることが挙げられる。そのため，就職活動では自身が思っている以上に，ちょっとしたことでも相談を試みることが重要であることを伝えていくことが必要となるかもしれない。小集団閉鎖性については先輩資源の活用可能性を低減していた。小集団閉鎖性の低い学生はそもそも資源を周囲に持っていない可能性があるため，先輩資源を提供するアプローチが効果的である。具体的には上述したような先輩による就職活動のメンター制度などが考えられる。

父親資源については進路選択支援と同様のアプローチが有効であろう。両親と進路に関する話題が頻繁にできるほど父親資源の活用可能性の認知が高まり，実際に活用されることから，進路選択段階から両親と良好なコミュニケーションがとれていることが，就職活動段階での資源の有効活用につなが

172 第3部 総合考察

ると考えられる。

　以上のように，実践への示唆ではキャリア教育やキャリア支援，就職活動支援に特有の活動と大学教育の中で可能な活動の両方が含まれていた。大学設置基準の改正によって，大学におけるキャリア教育の重要性は高まっており，キャリア教育やキャリア支援，就職活動支援を特別な活動とするのではなく，大学教育の各所に位置づけていくことが求められているといえる。

引 用 文 献

阿部美帆・今野裕之 (2007). 状態自尊感情尺度の開発 パーソナリティ研究, *16*, 36-46.

安達智子 (2003). 就業動機測定尺度の開発 東清和・安達智子 大学生の職業意識の発達 (pp. 15-32) 学文社.

Adachi, T. (2009). Influence of perceived support on vocational motive and career activities. Memoirs of Osaka Kyoiku University, Ser. Ⅳ., *57*, 1-13.

赤田太郎・若槻優美子 (2011). 職業的不安に対する大学・短期大学のキャリア教育の現状と課題—ソーシャルサポートと自己効力が与える影響から— 龍谷紀要, *33*, 77-88.

朝日新聞 (2010). 心も凍る就職氷河期 朝日新聞 2010年12月27日.

Chartland, J. M. & Robbins, S. B. (1990). Development and validation of the career factors inventory. *Journal of Counseling Psychology, 37*, 491-501.

千島雄太・水野雅之 (2015). 入学前の大学生活への期待と入学後の現実が大学適応に及ぼす影響—文系学部の新入生を対象として— 教育心理学研究, *63*, 228-241.

Cohen, S. & Wills, T. A. (1985). Stress, Social Support, and the Buffering Hypothesis. *Psychological Bulletin, 98*, 310-357.

Domene, J. F., Shapka, J. D., & Keating, D. P. (2006). Educational and career-related help-seeking in high school: An explorations of students choices. *Canadian Journal of Counseling, 40*, 145-159.

藤井義久 (1999). 女子学生における就職不安に関する研究 心理学研究, *70*, 417-420.

福岡欣治・橋本 宰 (1997). 大学生と成人における家族と友人の知覚されたソーシャル・サポートとそのストレス緩和効果 心理学研究, *68*, 403-409.

福住紀明・青木健一・山口正二 (2010). 大学生における自律的就職動機と就職不安の関連について 日本カウンセリング学会第43回大会発表論文集, 146.

古市裕一 (1995). 現代青年における職業忌避的傾向—規定要因の検討と類型化の試み— 悠峰職業科学研究紀要, *3*, 57-65.

古川壽亮・大野 裕・宇田英典・中根允文 (2003). 一般人口中の精神疾患の簡便な

174 引 用 文 献

スクリーニングに関する研究 平成14年度厚生労働科学研究費補助金（厚生労働科学特別研究事業）心の健康問題と対策基盤の実態に関する研究 研究協力報告書.

岐阜経済大学（2010）．文部科学省平成21年度「大学教育・学生支援推進事業」就活サークルと学生・OB メンター育成によるキャリア教育の充実
http://www.gifu-keizai.ac.jp/power_up/documents/2010_poster.pdf（2014年 9 月 7 日参照）

Helgeson, V. S. (1993). Two important Distinctions in Social Support: Kind of Support and Perceived Versus Received. *Journal of Applied Social Psychology, 23,* 825-845.

久田　満・千田茂博・箕口雅博（1989）．学生用ソーシャルサポート尺度作成の試み⑴ 日本社会心理学会第30回大会発表論文集，143-144.

本田真大・新井邦二郎（2010a）．適応に寄与する援助要請行動を促進する介入法の開発⑴ ―プログラムの作成と大学院生を対象とした効果研究― 日本行動療法学会第36回大会発表論文集，160-161.

本田真大・新井邦二郎（2010b）．適応に寄与する援助要請行動を促進する介入法の開発⑵ ―高校生を対象とした効果研究― 日本教育心理学会第53回総会発表論文集，106.

本田真大・新井邦二郎・石隈利紀（2010）．援助要請スキル尺度の作成 学校心理学研究，*10,* 33-40.

井隼経子・中村知靖（2008）．資源の認知と活用を考慮した Resilience の 4 側面を測定する 4 つの尺度 パーソナリティ研究，*17,* 39-49.

柿澤寿信・田澤　実・梅崎　修（2013）．SNS は就職活動の効果的ツールか―就職活動生に対するアンケート調査結果の分析― キャリアデザイン研究，*9,* 181-189.

木村真人・水野治久（2004）．大学生の被援助志向性と心理的変数との関連について ―学生相談・友達・家族に焦点をあてて― カウンセリング研究，*37,* 260-269.

北見由奈・茂木俊彦・森　和代（2009）．大学生の就職活動ストレスに関する研究 ―評価尺度の作成と精神的健康に及ぼす影響― 学校メンタルヘルス，*12,* 43-50.

厚生労働省（2010）．新卒応援ハローワークが皆さんの就職活動を支援します
http://www.mhlw.go.jp/topics/2010/01/tp0127-2/05.html（2014年 9 月 7 日参照）

Krumboltz, J. D. & Levin, A. (2004). *Luck is no accident: making the most of happenstance in your life and career.* California: Impact Publishers.（花田光世・大木紀子・宮地夕紀子（訳）（2005）．その幸運は偶然ではないんです！　ダイヤモンド社）

レジェンダ・コーポレーション（2009）．エントリ者数は1.7倍に，内定社数は4割減少　レジェンダ・コーポレーション

松田由希子・前田健一（2007）．大学生の職業選択未関与におよぼす自己効力感と親や友人からのサポートの影響　広島大学心理学研究，*7*，147-158.

松田侑子（2013）．大学生の就職活動不安と性格特性5因子モデルの関連―就職活動の準備の違い―　キャリアデザイン研究，*9*，145-153.

松田侑子・新井邦二郎・佐藤　純（2010）．就職不安に関する研究の動向　筑波大学心理学研究，*40*，43-50.

松田侑子・永作　稔・新井邦二郎（2008）．職業選択不安尺度の作成　筑波大学心理学研究，*36*，67-74.

松田侑子・永作　稔・新井邦二郎（2010）．大学生の就職活動不安が就職活動の及ぼす影響―コーピングに注目して―　心理学研究，*80*，512-519.

水野治久・石隈利紀（1999）．被援助志向性，被援助行動に関する研究の動向　教育心理学研究，*47*，530-539.

永井　智（2013）．援助要請スタイル尺度の作成―縦断調査による実際の援助要請行動との関連から―　教育心理学研究，*61*，44-55.

内閣府（2014）．平成25年中における自殺の状況.

中島由佳（2012）．大卒女子入職者の初期適応の規定因―目標達成志向および情緒的適応の観点からの縦断調査―　教育心理学研究，*59*，402-413.

中島由佳・無藤　隆（2007）．女子学生における目標達成プロセスとしての就職活動―コントロール方略を媒介としたキャリア志向と就職達成の関係―　教育心理学研究，*55*，403-413.

成田絵吏・緒賀郷志（2010）．大学生における援助要請と進路選択の関連について　岐阜大学教育学部研究報告　人文科学，*59*，169-179.

西山　薫（2003）．就職不安とプロアクティブパーソナリティ特性および自己効力に関する研究　人間福祉研究，*6*，137-148.

Saka, N., Gati, I., & Kelly, K. R. (2008). Emotional and personality-related aspects of career-decision-making difficulties. *Journal of Career Assessment, 16*, 403-424.

Salomone, P. R. (1982). Difficult cases in career counseling: Ⅱ— The indecisive client. *Personnel and Guidance Journal, 60*, 496-500.

佐藤　純（2008）．大学生の援助資源の利用について：学生相談におけるセルフヘル
　　プブック利用という視点から― 筑波大学発達臨床心理学研究, *19*, 35-43.

佐藤一磨・梅崎　修・上西充子・中野貴之（2010）．志望業界の変化は大学生の就職
　　活動にどのような影響を及ぼすのか―卒業時アンケート調査の分析― キャリア
　　デザイン研究, *6*, 83-99.

佐藤　舞（2013）．進路選択過程に対する自己効力と就職活動における情報源との関
　　連 応用心理学研究, *38*, 251-262.

瀬戸正弘（2008）．女子大学生の就職不安に影響を及ぼす心理社会的要因の研究 安田
　　女子大学大学院文学研究科紀要, *13*, 71-93.

鹿内啓子（2005）．大学生の職業決定に関わる親の態度認知と職業人イメージの要因
　　北星学園大学文学部北星論集, *42*, 69-88.

嶋　信宏（1991）．大学生のソーシャルサポートネットワークの測定に関する一研究
　　教育心理学研究, *39*, 440-447.

嶋　信宏（1992）．大学生におけるソーシャルサポートの日常生活ストレスに対する
　　効果 社会心理学研究, *7*, 45-53.

清水和秋（1990）．進路不決断尺度の構成―関西大学社会学部紀要, *22*, 63-81.

下村英雄（2001）．インターネットにおける「就職サイト」利用が大学生の就職活動
　　に及ぼす影響―追跡調査による検討― 悠峰職業科学研究紀要, *9*, 25-36.

下村英雄（2005）．進路選択と友人関係の関連性について：吉村論文に対する意見 青
　　年心理学研究, *17*, 62-66.

下村英雄（2009）．キャリア教育の心理学―大人は，子どもと若者に何を伝えたいの
　　か 東海教育研究所.

下村英雄・堀　洋元（2001）．インターネット上の「就職サイト」利用が大学生の就
　　職活動に与える影響 日本教育心理学会第43回総会発表論文集, 460.

下村英雄・堀　洋元（2004）．大学生の就職活動における情報探索行動：情報源の影
　　響に関する検討 社会心理学研究, *20*, 93-105.

下村英雄・木村　周（1994）．大学生の就職活動における就職関連情報と職業未決定
　　進路指導研究, *15*, 11-19.

下村英雄・木村　周（1997）．大学生の就職活動ストレスとソーシャルサポートの検
　　討 進路指導研究, *18*, 9-16.

下村英雄・八幡成美・梅崎　修・田澤　実（2009）．大学生のキャリアガイダンスの
　　効果測定用テストの開発 キャリアデザイン研究, *5*, 127-139.

下山晴彦（1986）．大学生の職業未決定の研究 教育心理学研究, *34*, 20-30.

杉本英晴（2007）．大学生の就職活動プロセスにおけるエントリー活動に関する縦断的検討―時間的展望，就職イメージ，進路未決定，友人の就職活動状況に注目して― 名古屋大学大学院教育発達科学研究科紀要 心理発達科学, *54*, 81-92.

鈴木みゆき（2009）．大学生における就職に関する将来展望と就職へ向けての取り組みとの関連―空想と予期の観点から― カウンセリング研究, *42*, 218-228.

高橋暁子（2011）．Facebook で就活に成功する本―ソーシャルメディアを活用して希望の会社に入る法― 自由国民社

竹澤みどり・小玉正博（2004）．青年期後期における依存性の適応的観点からの検討 教育心理学研究, *52*, 310-319.

田村修一・石隈利紀（2001）．指導・援助サービス上の悩みにおける中学校教師の被援助志向性に関する研究―バーンアウトとの関連に焦点をあてて― 教育心理学研究, *49*, 438-448.

田中正之（2014）．大学生の職業キャリア・レディネスと友人関係との関連性―キャリアに関する友人関係尺度の開発を通して― キャリアデザイン研究, *10*, 119-129.

谷口有里香・河村茂雄（2007）．大学生の職業未決定と就職不安との関連 日本教育心理学会第49回総会発表論文集, 540.

Taylor, K. M., & Betz, N. E. (1983). Application of self-efficacy theory to the understanding and treatment of career indecision. *Journal of Vocational Behavior, 22*, 63-81.

塚脇涼太・森永康子・坪田雄二・柘植道子・平川　真（2012）．理系大学生の進学動機とその規定因 広島大学心理学研究, *12*, 1-14.

筑波大学（2012）．いろんなボードゲームでコミュニケーション　http://private.sie. tsukuba.ac.jp/pub-student/09support-info/240120hokenkanrisentasyusai.pdf（2014年11月24日参照）

戸口愛泰・辰巳雅紀（2002）．就職活動における将来展望と不安―不安低減要因の検討― 関西大学大学院人間科学, *57*, 133-144.

東京都青少年・治安対策本部（2007）．実態調査からみるひきこもる若者のこころ 平成19年度若年者自立支援調査研究報告書.

浦上昌則・山中美香（2012）．就職活動における言葉がけの影響―就職活動に対する意味づけとの関連に注目して― 人間関係研究, *11*, 116-128.

若松養亮（2001）．大学生の進路未決定者が抱える困難さについて―教員養成学部の学生を対象に― 教育心理学研究, *49*, 209-218.

脇本竜太郎（2008）．自尊心の高低と不安定性が被援助志向性・援助要請に及ぼす影響 実験社会心理学研究，*47*，160-168.

王　晋民・黄勇（2011）．就職不安と情動知能，就業動機との関連性 千葉科学大学研究紀要，*4*，37-44.

Wethington, E., & Kessler, R. C. (1986). Perceived Support, Received Support, and Adjustment to Stressful Life Events. *Journal of Health and Social Behavior, 27*, 78-89.

Wills, T. A., & Shinar, O. (2000). Measuring perceived and received social support. In Cohen, S., Underwood, L. G., & Gottlieb, B. (ed.), *Social Support Measurement and Intervention A Guide for Health and Social Scientists.* pp. 86-135. Oxford University Press.

與久田巌・太田　仁・高木　修（2011）．女子大学生の援助要請行動の領域，対象，頻度と大学生活不安および社会的スキルとの関連 関西大学社会学部紀要，*42*，105-116.

吉村　斉（2004）．女子学生の専門職就職意欲および学生生活への満足を規定する要因—自己表現と小集団閉鎖性に注目して— 青年心理学研究，*16*，1-14.

本書を構成する研究の発表状況

水野雅之・佐藤　純・濱口佳和（2013）．就職活動中のサポート資源に関する研究の動向　筑波大学心理学研究，*45*，83-89．【第 1 部】

水野雅之（2015）．サポート資源の認知および活用が進路選択不安と進路未決定に及ぼす影響　カウンセリング研究，*48*，121-132．【研究 1・研究 3 の一部】

水野雅之・佐藤　純（2012）．就職活動中のサポート資源に関する探索的検討　筑波大学発達臨床心理学研究，*23*，29-35．【研究 2-1】

水野雅之・佐藤　純（2014）．サポート資源の認知および活用と就職活動の関連—就職活動不安および，活動量，就職活動中の精神的健康に注目して—　キャリアデザイン研究，*10*，61-73．【研究 2-2・研究 4 の一部】

水野雅之（2016）．進路選択に関するサポートの活用に援助要請スキルと小集団閉鎖性が及ぼす影響—友人および父親，大学教員に注目した検討—　キャリアデザイン研究，*12*，191-198．【研究 5-1・研究 5-3】

水野雅之・佐藤　純（2015）．先輩からの就職活動中のサポートの認知と活用に関する促進・抑制押印の検討—援助要請スキルと援助要請スタイルに注目して—　キャリアデザイン研究，*11*，47-56．【研究 7-1・研究 7-2】

水野雅之・佐藤　純・濱口佳和（2017）．両親の職業への態度が就職活動中の両親からのサポートの活用に及ぼす影響　筑波大学発達臨床心理学研究，*28*，11-17．【研究 8】

本書を構成する研究とサンプルの対応関係

	調査時期	調査対象	研究との対応
Sample1	2013年10月	大学生33名（男性7名・女性26名）	研究1-1
Sample2	2013年12月	大学生186名（男性57名・女性125名・不明4名）	研究1-2
Sample3	2011年6月～7月	大学生・大学院生32名（男性11名・女性21名）	研究2-1
Sample4	2011年6月～7月	大学生・大学院生14名（男性6名・女性8名）	研究2-1
Sample5	2011年9月～11月	大学生・大学院生214名（男性103名・女性104名・不明7名）	研究2-2
Sample6	2014年4月～6月	大学生198名（男性81名・女性117名）	研究3
Sample7	2011年11月～12月	大学生・大学院生65名（男性26名・女性39名）	研究4
Sample8	2014年6月～7月	大学生213名（男性103名・女性109名・不明1名）	研究5-1，研究5-2，研究5-3，研究6
Sample9	2012年10月	大学生・大学院生72名（男性33名・女性39名）	研究7-1
Sample10	2013年12月	大学生・大学院生201名（男性56名・女性145名） ※大学生・大学院生183名（男性53名・女性130名）	研究7-2，研究7-3 ※研究8

※研究8はSample10の一部を分析に用いた

資　　料

資料 1 ：自由記述式質問紙調査の質問項目（研究1-1）⋯⋯⋯⋯⋯⋯⋯⋯⋯ 182

資料 2 ：自由記述式質問紙調査の質問項目（研究2-1）⋯⋯⋯⋯⋯⋯⋯⋯⋯ 183

資料 3 ：半構造化面接の質問項目（研究2-1）⋯⋯⋯⋯⋯⋯⋯⋯⋯⋯⋯⋯⋯ 184

資料 4 ：就職活動の活動量（研究 4 ）⋯⋯⋯⋯⋯⋯⋯⋯⋯⋯⋯⋯⋯⋯⋯⋯ 185

※「進路選択に関するサポート資源認知尺度および活用尺度」と「就職活動中のサポート資源認
　知尺度および活用尺度」は本文中に項目を記した

182 資　料

資料１：自由記述式質問紙調査の質問項目（研究1-1）

【問１】

あなたは，進路について悩んだ際に，誰にどのようなことを相談しましたか？

なお，進路について悩んだことや誰かに相談したことがない場合は下記の□にチェックをしてください。

・＿＿＿＿＿＿＿＿＿＿＿＿＿＿＿＿＿＿＿＿＿＿＿＿＿＿＿＿＿＿＿＿

※回答欄を５つ設けた

【問２】

あなたは，進路について悩んだ際に，サービスやもの（書籍・インターネット）などを使って，悩みを解消しようとしましたか？

なお，進路について悩んだことやサービスやものを使って，悩みを解消しようとしたことがない場合は下記の□にチェックをしてください。

・＿＿＿＿＿＿＿＿＿＿＿＿＿＿＿＿＿＿＿＿＿＿＿＿＿＿＿＿＿＿＿＿

※回答欄を５つ設けた

資　料　　183

資料2：自由記述式質問紙調査の質問項目（研究2-1）

A

あなたは就職活動中にどのような人・ものからサポートを受けることができると思いましたか。その人・ものについて，差し支えのない範囲で詳細にご記入ください。

B

Aで答えていただいた人・ものからはどのようなサポートを受けることができると思いましたか。どのようなサポートを受けることができると思ったか，差し支えのない範囲で詳細にご記入ください。

※回答欄を縮小して掲載した

184 資　料

資料3：半構造化面接の質問項目（研究2-1）

■面接の最初に「内々定の数」，「就職活動を継続しているかどうか」，「何回（年）目の就職活動か」，「就職活動をはじめた時期」，「就職活動を終えた時期」を聴取する

■その後は以下のように面接を進める

①　就職活動中にどのような人・ものからサポートを受けることができると思いましたか？

②　その人・ものからどのようなサポートを受けることができると思ったか差し支えない範囲でお教え下さい。

　※新しく「サポートを受けることができると思った人・もの」が出なくなるまで①と②を繰り返し，聴取する。

③　就職活動中に実際にどのような人・者からサポートを受けましたか？

④　その人・ものからどのようなサポートを実際に受けたのか差し支えない範囲でお教え下さい。

　※新しく「実際にサポートを受けた人・もの」が出なくなるまで③と④を繰り返し，聴取する。

⑤　どうしてそのような人・ものからサポートを受けようと思いましたか？

資　料　185

資料 4 ：就職活動の活動量（研究 4 ）

以下の活動について，あなたがこれまでにおこなった回数を記入して下さい。
（厳密に正確でなくても構いません）かなり回数が多い場合は何回以上であるかを記
入して下さい。また行っていないものについては 0 を書きこんで下さい。

1	企業に資料請求をした	回
2	会社説明会に参加した	回
3	企業にプレエントリーした	回
4	エントリーシートを提出した	回
5	筆記試験を受けた	回
6	面接試験を受けた	回

謝　　辞

　本書は2015年に筑波大学大学院人間総合科学研究科に提出した博士論文を著書としてまとめたものです。本書を執筆するにあたって，多くの方のサポートを「認知」し，「活用」させていただきました。記して，感謝申し上げます。

　まず，筑波大学で博士論文の主査の労をお取りいただいた，指導教員の濱口佳和先生に感謝申し上げます。ご専門とは違うテーマにも関わらず，快く指導をお引き受けいただきました。折りに触れて，温かいお心遣いと熱い激励をいただき，とても心強い思いでした。

　また，修士課程での指導教員であり，大学を異動された後も，引き続きご指導いただいた茨城県立医療大学の佐藤純先生にもお礼申し上げます。研究だけでなく，自身のキャリアに迷った際にも話を優しく聞いていただき，それとなく導いていただきました。

　沢宮容子先生と斎藤環先生には副査として，ご多忙な中，何度もご指導をいただきました。臨床経験に基づいて多くの示唆に富んだコメントをいただき，よりよい研究になったと思います。

　十文字学園女子大学の永作稔先生，滋賀大学の若松養亮先生，独立行政法人労働政策研究・研修機構の下村英雄先生，上越教育大学の山田智之先生，東北学院大学の萩原俊彦先生，法政大学の田澤実先生，駿河台大学の杉本英晴先生，早稲田大学の輕部雄輝先生，学習院大学の小菅清香先生をはじめとした「きゃたつの会」の先生方には，研究会や学会，懇親会で多くの的確なご指摘と励ましをいただきました。また，学会のワークショップでの話題提供や学術書の執筆などにお誘いいただくなど，いろいろなステップを経験させていただきました。

そして，博士課程に進学するにあたり，陰に陽に支えてくれた両親，本書を執筆するにあたり，研究者としてアドバイスをくれるとともに家庭を支えてくれた妻に感謝します。

最後に調査に協力して下さった，すべての調査協力者の皆様に感謝申し上げます。本当にありがとうございました。

本書は，独立行政法人日本学術振興会平成30年度科学研究費助成事業（科学研究費補助金）（研究成果公開促進費　課題番号18HP5188）の助成により出版されました。本書の出版にあたり，風間書房の風間敬子様，斉藤宗親様にご尽力いただきました。心よりお礼申し上げます。

2018年12月

水野　雅之

著者略歴

水野雅之（みずの　まさし）

2015年，筑波大学大学院人間総合科学研究科ヒューマン・ケア科学専攻修了。国立精神・神経医療研究センター精神保健研究所社会復帰研究部流動研究員，筑波大学人間系心理学域特任助教を経て，2018年4月より東京家政大学子ども学部子ども支援学科講師。博士（心理学）。臨床心理士。研究テーマは大学生の大学適応とキャリア発達。著書に『新時代のキャリアコンサルティング―キャリア理論・カウンセリング理論の現在と未来―』（分担執筆，独立行政法人労働政策研究・研修機構，2016年）などがある。

サポート資源が進路選択および就職活動に及ぼす影響

2019年1月31日　初版第1刷発行

著　者　　水　野　雅　之

発行者　　風　間　敬　子

発行所　　株式会社風　間　書　房

〒101-0051　東京都千代田区神田神保町1-34
電話 03(3291)5729　FAX 03(3291)5757
振替 00110-5-1853

印刷　藤原印刷　　製本　井上製本所

©2019　Masashi Mizuno　　　　　　　NDC分類：140
ISBN978-4-7599-2264-6　　　Printed in Japan

JCOPY 〈㈳出版者著作権管理機構　委託出版物〉

本書の無断複製は，著作権法上での例外を除き禁じられています。複製される場合はそのつど事前に㈳出版者著作権管理機構（電話 03-5244-5088，FAX 03-5244-5089，e-mail:info@jcopy.or.jp）の許諾を得てください。